땅끝의 모든
다음 세대들에게 바칩니다.
이들은 우리 부부와
하나님의 사랑입니다.

ⓒ 생명의말씀사 2014

2014년 6월 20일 1판 1쇄 발행
2014년 8월 20일   2쇄 발행

펴낸이 | 김재권
펴낸곳 | 생명의말씀사

등록 | 1962. 1. 10. No.300-1962-1
주소 | 서울시 종로구 경희궁1길 5-9(110-062)
전화 | 02)738-6555(본사) · 02)3159-7979(영업)
팩스 | 02)739-3824(본사) · 080-022-8585(영업)

지은이 | 마창선

기획편집 | 서정희, 김현정, 장주연
디자인 | 박소정, 윤보람
인쇄 | 영진문원
제본 | 정문바인텍

ISBN 978-89-04-16464-6 (03230)

저작권자의 허락없이 이 책의 일부 또는 전체를
무단 복제, 전재, 발췌하면 저작권법에 의해 처벌을 받습니다.

본서의 이미지 일부는 http://unsplash.com에서 사용하였음.

하나님의 셰프

MBA 출신 컨설턴트 복음을 위해 주방에 서다

생명의말씀사

contents

추천사 • 8
프롤로그 복음을 위해 실패를 무릅쓸 수 있습니까 • 15
다리 카페 24시 '복음'과 '볶음'으로 분주한 코리안 주방장의 하루 • 22

PART 1 땅끝에서, 더 늦기 전에 • 35

아파트 10층에서 뛰어내린 그 학생
벼랑 끝에 선 친구에게 바치는 노래

마 셰프의 창조선교 특강 1 땅끝의 다음 세대를 향하여 • 42

PART 2 다리 카페, 무모한 도전이 시작되다 • 47

하나님의 계획은 무엇입니까
계획을 내려놓다, 정체성을 내려놓다
네가 왜 후원을 받니?
이슬람권 대학생들을 향한 소망
미각 잃은 장금이가 카페를 한다고?

마 셰프의 창조선교 특강 2 선교의 패러다임이 바뀌고 있습니다 • 74
마 셰프의 창조선교 특강 3 브랜드로 선교한다는 말, 들어 보셨나요? • 78

PART 3 하나님께 닿을 다리를 꿈꾸며 · 83

성경 속 하나님이 만드신 다리?
드디어 다리 카페 오픈
아네스의 옛사람이 죽다
주방에서 순교하는 그날까지
텐트 메이커, 4인용 텐트를 짓다
인재 경영에서 임재 경영으로

마 셰프의 창조선교 특강 4 ㅣ 다리 카페를 통해 한류를 만나고 복음을 만납니다 · 110
마 셰프의 창조선교 특강 5 ㅣ 4C 전략으로 함께 만들어 가는 복음 생태계 · 112

PART 4 마 셰프가 주방에서 마주한 진리 · 117

메인 디쉬, 사이드 디쉬
하나님의 임재 연습
복음을 위해 육수를 끓이다
마르다 증후군
마 셰프의 찌개 영성
계획을 포기하신 예수님

마 셰프의 창조선교 특강 6 ㅣ I CAN BAM! 선교, 더 창조적으로 · 138

PART 5 창조선교로 만들어 가는 땅끝 공동체 · 143

복음을 전하는 결정적 순간
'사랑'을 하면 창의적이 된다
하늘 공동체, 다리 커뮤니티 센터
창조선교를 위한 연합 전선
드디어 시작된 제자 훈련
고마운 한류, 선교를 부탁해
노아 댄스 팀, 새로운 방주를 짓다

마 셰프의 창조선교 특강 7 선교사의 활동이 금지된 땅끝, 창조선교가 필요합니다 · 174
마 셰프의 창조선교 특강 8 어떻게 하면 한류를 선교에 활용할 수 있을까요 · 178

PART 6 하나님의 셰프가 만난 사람들 · 183

꿈꾸는 새벽이슬 청년들
제니, 댄스 신동으로 춤추는 천사로
중국계 프린스, 에드워드
기숙사 사역의 첫 열매, 존
복음보다 K-POP이 좋은 아이, 준
100번째 다리 카페가 오픈하다
하나님의 마스터 플랜

창조선교 10문 10답 · 205
부록 다리 선교회 사역의 지향점 · 218

*이 책에 실린 인명, 지명, 교회명 등은 보안상의 문제로 인해 부분적으로 가명을 사용하였음 알려드립니다.

추천사

다리의 역할은 밟히는 것입니다

카페가 하나 있습니다. 대학생들이 와서 밥을 먹고 커피를 마시는 아담한 카페입니다. 2012년 말레이시아로 파송된 지 얼마 안 되어 이 카페를 우연히 방문하게 되었습니다. 마창선 실장이라는 분이 여기서 일하고 있었습니다. 그는 늦깎이 목사가 된 내 선입견과 매우 다른 모습의 선교사였습니다. "언제 복음을 전하지?"라는 의문을 가지고 그 수상한 장소를 한동안 관찰했습니다. 많은 사람들이 오가는 그곳에서 저는 말로만 외치는 복음이 아니라, 삶으로 엮어 낸 복음을 보았습니다. 그래서 함께 동역하기로 결정했습니다.

주방은 뜨거운 곳입니다. 그 열기보다 더 뜨거운 복음의 열정을 가진 셰프가 여기 있습니다. 이제 그 자리를 2대 셰프인 제가 대신하고 있습니다. 우리는 카페를 통해 현지인들의 삶 속에 들어갑니다. 그들과 함께 울고 웃고 사랑을 나눕니다. 카페가 다리가 되어, 많은 사람들이 하나님께로 건너가도록 섬깁니다. 다리의 역할은 밟히는 것입니다.

"그냥 밥만 했습니다" 하는 마창선 선교사님의 말과는 달리 현지인들은 그가 밥하는 모습에서 예수님의 마음을 봅니다. 높은 자리에서 선교지 사람들을 내려다보는 모습이 아닌 낮은 마음으로 현지인들을 섬깁니다. 이 책이 또 하나의 다리가 되어서 많은 분들의 기도와 헌신이 이 땅으로 건너오길 소망합니다.

— 조요셉, 다리 카페 2대 셰프

'스티브 잡스' 보다 더 창의적이다

우리에게 땅끝은 여러 가지 의미로 다가온다. 아마존의 밀림이나 남미의 고산지대도 땅끝일 수 있겠지만, 복음에 빚진 그리스도인에게 땅끝은 복음이 거부되는 나라와 도시면 그 어디나이다. 이슬람 문화권의 도시 한가운데서 '땅끝'을 향해 복음을 전하는 접촉점을 만들고자 비즈니스 선교의 새로운 모델을 구축하며 신나게 카페 주방을 섬기고 있는 저자가 나에게는 '스티브 잡스' 보다 더 창의적인 인물로 여겨진다. 그에게 아낌없는 격려를 보낸다.

― 이찬수, 분당우리교회 담임 목사

진짜 선교 이야기이고, 비즈니스 이야기

비즈니스 선교에 대한 관심이 점점 많아져 가고 있다. 그래서 세미나나 콘퍼런스도 많이 생기고 있고, 나 또한 그런 곳에 참여도 하고 강의도 하지만 항상 아쉬운 것은 '좋은 사례'다. 마 셰프의 이야기는 좋은 사례로 손색이 없는 진짜 선교 이야기이고, 비즈니스 이야기이다. 기업이 선교의 도구에 그치지 않으면서도 그냥 기업으로 끝나지 않는 정말 균형 잡힌 비즈니스 선교 이야기다.

― 방선기, 직장사역연합 대표, 이랜드 사목

다리 카페, 벤처 선교의 차세대 모델

아름다운 킹덤 프론티어인 마창선 선교사는 킹덤 비즈니스와 BAM의 이론과 실무를 겸한 BAMer입니다. 개척 선교에서 변혁 선교로 선교의 패러다임이 전환되는 시점에서, 그는 이슬람의 현장에서 비즈니스와 문화 그리고 제자 훈련을 통합한 벤처 선교의 차세대 모델을 제시했습니다. 이 책을 통해 BAM의 핵심을 파악하고, BAMer로서의 노하우를 터득하길 바랍니다.

— 황성주, 사랑의병원 병원장, 이롬(주) 회장, IBA 공동대표

창의적인 선교가 무엇인지 알게 될 것이다

아직 복음이 전해지지 않은 지역의 대부분은 안타깝게도 선교사가 사역을 할 수 없는 지역이다. 그래서 더더욱 창의적인 선교 전략이 필요하다. 창의적인 선교 전략 중 가장 효과적인 모델이 바로 비즈니스 선교다. 이 책은 비즈니스 선교의 이론이 아니라 실제를 보여 준다. 우리는 마창선 선교사를 통해 창의적인 선교가 무엇인지 보고 느끼게 될 것이다.

— 김승규, CBMC 회장

창조선교라는 새로운 전략을 이야기하는 선교적 마케팅 교과서

저자는 나와 함께 기업의 브랜드를 만들던 사람이다. 그는 지금 선교사로 또 세프로 살아가고 있지만 그의 혈관에는 컨설턴트의 피가 흐르고 있다. 컨설턴트는 많은 지식을 알고 있다. 하지만 그 지식이 진짜인지는 실행과 결과로 증명해 보아야 한다. 머리로만 아는 지식은 가짜이기 때문이다. 크리스천들도 많은 성경 지식을 가지고 있다. 역시 그 신앙이 진짜인지는 순종의 열매로 증명해 봐야 한다. 말로만 하는 신앙은 가짜이기 때문이다. 저자는 브랜드에 대한 지식과 신앙을 행동과 결과로 옮겼다!

성공한 브랜드는 많지만, 사람들에게 이로운 브랜드는 얼마나 될까? 그중 하나님께 좋은 브랜드는 더 적을 것이다. '다리 카페'는 하나님과 사람들에게 좋은 브랜드가 되어 가고 있다. 사업이 되었을 뿐만 아니라 사역이 되었다. 이 일들은 예전에 '모라비안'이라는 이름으로 컨설팅을 하며 함께 꿈꾸던 것이다. 빛과 소금이 되는 브랜드, 선교가 되는 브랜드!

이 책은 브랜드를 통한 선교(Brand As Mission)에 관한 첫 번째 책이 될 것이다. 이 책은 창조선교라는 새로운 전략을 이야기하는 선교적 마케팅 교과서다. '다리 카페'라는 브랜드가 복음과 함께 세계의 '땅끝' 곳곳으로 갈 기대하고 기도한다.

— 권민, 유니타스브랜드 편집장

인생의 전성기를 헌신한 비즈너리 부부

마창선 선교사 부부는 톡톡 튀는 창조적인 아이디어로 신선한 것들을 만들어 내는 특별한 재주가 있는 사람들입니다. 그들은 제가 M국에 선교사로 있던 7년간 매년 단기 선교를 오며 장기 헌신의 복선을 깔았습니다. 화려한 경력을 가진 마 선교사 부부는 그들의 전성기에 하나님을 사랑한다는 이유 하나로 겸손하게 M국으로 삶의 터전을 옮겼습니다.

비즈니스 선교에 대한 관심이 많아지고 있는 시점에서 마 선교사 부부는 바람직한 비즈니스 선교의 모델을 만들어 가고 있는 멋진 비즈너리(비즈니스 선교사)입니다. 선교지의 문이 점점 닫혀 가는 상황에서 비즈니스 선교에 관심이 있는 사람이라면 좌충우돌 마 선교사의 비즈너리 경험담을 꼭 읽어 보시길 권유합니다. 후반부에 있는 '창조선교 10문 10답'은 선교를 꿈꾸는 독자들에게 많은 도움을 줄 것입니다.

― 정재철, 이랜드 아시안미션 대표

이 사람들은 도대체 몇 가지 재주가 있는 거야?

비즈니스와 미션, 어느 하나만 해도 쉽지 않은 일입니다. 그런데 비즈니스를 미션으로 한다는 생각 자체가 대단한 일입니다. MBA 출신 컨설턴트가, 더구나 비즈니스를 잘하던 사람이 갑자기 말레이시아를 간다고 하기에 비즈니스 영역을 넓히는 것으로 생각했습니다. '돌다리도 두들겨 보고 건너라'는 말도 있지만, 나는 돌다리도 두들겨 보고, 건너는 사람도 봐야지만 건너가는 사람입니다.

그러나 마창선 형제가 선교지로 나간다고 할 때는 이상하게 신뢰가 갔습니다. 아마 마 선교사 부부가 평소에 믿음이 가는 삶을 살았기 때문인가 봅니다. 이 부부는 남편이 피아노를 치고 아내가 노래를 부르면, 그 모습만 보고도 많은 사람들이 부러워하는 부부입니다. 그런데 선교지에 가서 사역을 하는 모습에 대해 보고를 듣고 있노라면, '이 사람들은 도대체 몇 가지 재주가 있는 거야?' 하며 은근히 열등감이 느껴질 정도입니다.

요즈음 전임 사역자를 하겠다고 헌신하는 사람이 있으면 세 가지를 반드시 묻습니다. 첫째, 지난 일 년 동안에 하나님과 동행하는 삶을 살았는가? 새벽 기도회에 나오든지 혹은 큐티를 통해서 매일 주님과 함께한 사람이어야 합니다. 둘째, 지난 일 년 동안에 복음을 전해서 믿게 된 사람이 몇 명이나 있는가? 셋째, 복음을 전해서 믿게 된 사람을 영적으로 성장하도록 도와준 경험이 있는가?

이 질문에 '예'라는 대답을 할 수 있는 사람, 즉 선교나 목양이 은사인 사람을 하나님께서 전임사역자로 부르십니다. 마창선 선교사 부부는 저의 세 가지 질문에 모두 '예'라고 대답할 만큼 늘 그러한 삶을 살아온 것을 제가 곁에서 지켜보았습니다. 그들을 통해서 많은 사람들이 복음에 눈을 뜨게 된 것처럼 이 책을 통해서 많은 사역자들이 사역의 폭을 넓히게 될 것을 기대합니다.

― 이경준, 다운교회 담임목사, 이랜드복지재단 이사장

프롤
로그

복음을 위해 실패를 무릅쓸 수 있습니까

● 저는 복음에 대한 문이 닫혀 있는 땅끝에 서 있습니다. 종교적, 정치적 이유로 선교사라는 이름으로는 들어갈 수 없는 땅. 이곳에 비즈니스맨, 아니 주방장으로 들어와 있습니다. 이 땅의 다음 세대를 품고 기도한 지 6년이 되었습니다. 아직 무엇을 이룬 것도 아니고, 자랑할 만한 것이 있는 것도 아닙니다.

인간적으로 보면, 오히려 저의 전문성은 6년간 끊어졌습니다. 꽤 많은 비용과 기회비용이 소모되었습니다. 복음을 위한 유목민 생활은 저를 부모님에게 6년 동안 용돈 한 번 제대로 드리지 못하는 불효자로 만들었고, 두 아이에게는 안락한 가정의 안정감을 주지 못하는 가장으로 만들었습니다. 우리 가족은 한국에서나 말레이시아에서나 이방인처럼 살았습니다.

그렇습니다. 인간적으로는 실패한 모습이지요. 하지만 지난 6년간 하나님은 이런 부족한 모습의 저를 복음 전파에 사용하셨습니다. 이 책은 '선교에 헌신했더니 하나님이 성공으로 갚아 주시더라' 하는 내용이 아니며, 해피엔딩을 장담할 수 없는 이야기입니다. 이 책은 '복음을 위해 실패를 무릅쓸 수 있는가' 하는 질문이며, 그런 '도전'에 관한 이야기입니다. 저는 과거에 사람들이 인정하는 MBA 출신 컨설턴트였지만 지금은 복음을 위해 주방에 서 있습니다. 그리고 많은 분들에게 이 길을 추천하려 합니다. 어떻게든 복음이 필요한 땅에 들어갈 수 있다면 떠나야 하지 않을까요?

나의 직업은 셰프, 나의 진짜 역할은 선교사

제가 서 있는 이 땅은 소위 '땅끝'이라고 불리는 곳입니다. 신약성경에 등장하는 땅끝은 복음이 전파되지 않은 이방인들의 땅인 다시스, 즉 스페인을 뜻하는 것이었습니다. 하지만 이 책에서 사용되는 '땅끝'이라는 용어는 특정한 한 지역만을 뜻하는 것이 아니라 아직 복음을 듣지 못한 사람들이 사는 지역, 특히 복음 선포가 불법인 중동 및 이슬람 지역을 뜻합니다. 이곳은 '선교사 활동 금지' 지역으로, 오늘날 이런 국가나 지역에 살고 있는 사람들은 71억 세계 인구 중 22억이나 됩니다.

이처럼 선교 활동이 거부된 지역을 '접근 제한 지역(Restricted Access Nation)'이라고 하는데, 최근에는 '창의적 접근 지역(Creative Access Nation)', 줄여서 '캔(CAN)'으로 부르고 있습니다.

보통 창의적 접근 지역이라고 불리는 곳에서는 직접적으로 복음을 전하는 것이 어렵습니다. 선교사들의 접근이 어렵기도 하거니와 타 종교인 기독교에 대한 반감과 적개심이 있기 때문입니다. 그래서 이런 곳에서는 전통적인 선교 방법이 아닌 남다른 방식이 요구됩니다. 이 책에서 설명하는 '창조선교(Creative Mission, CM)'가 바로 그 남다른 선교 방식을 부르는 이름입니다.

창조적 방식으로 선교한다는 것은 주로 선교지에서 비즈니스와 문화, 학술 등을 통해 일종의 위장된 신분으로 선교하는 것을 뜻하는데, 이 중 '비즈니스 선교(Business As Mission)'를 약자로 '뱀(BAM)'이라고 부릅니다.

BAM은 다양한 방식으로 이루어질 수 있지만, 요즘은 문화, 특히 한류 문화의 호재를 선하게 활용하는 추세입니다. 복음의 가치와 비교할 수 없겠지만, 세상에는 땅끝까지 이미 다다른 것들이 많이 있습니다. 인간적으로는 보암직하고 먹음직한 것들이 땅끝을 향해 뻗어 갑니다. 120년 만에 코카콜라는 북한과 쿠바를 뺀 모든 나라에 진출했습니다. 복음이 거부되고 있는 많은 선교지에서도 맥도날드, 스타벅스, KFC, 심지어 롯데리아를 쉽게 찾아볼 수 있습니다. 1972년에 설립된 나이키는 세계 160개국에서 팔리고 있습니다. 또한 지구촌은 페이스북과 유튜브로 연결돼 있고, 이 네트워크를 통해 한류 문화는 세계 구석구석에 전파되고 있습니다.

급격한 세계화와 한류의 열풍 속에서 복음이 땅끝으로 가는 전략적 가능성을 꿈꾸며 저는 창의적 접근 지역 중 한 곳인 말레이시아에서 한류 문화를 활용하여 창조선교에 힘쓰고 있습니다.

저의 직업은 다리(Dari)카페의 셰프입니다. 하지만 저의 진짜 역할은 복음을 전하는 선교사지요. 이처럼 저는 말레이시아 대학생들에게 카페라는 공간으로 접점을 만들고, 한류를 매개로 관계를 맺으며, 그 안에서 복음 선포의 기회를 얻기 위해 주방장으로 일하고 있습니다.

복음의 다리, 다리 카페를 소개합니다

저의 일터이자 선교 현장인 다리 카페는 세 군데의 공간을 통해 일하며 복음을 전합니다.

첫째는 식사와 음료를 판매하며 고객들과 소통하는 카페입니다. 이 공간을 통해 우리는 선교 대상자들, 즉 대학생들과 거부감 없이 만날 수 있습니다. 그들에게 저는 그저 한국에서 온 주방장 '마 셰프'일 뿐입니다. 하지만 무슨 일이든 먼저 만남이 이루어져야 일어날 수 있습니다. 그렇기 때문에 카페 공간은 복음의 첫 물꼬를 틀어 주는 중요한 역할을 하는 곳입니다.

두 번째 공간은 한류를 전파하는 문화센터에 해당하는 커뮤니티 센터입니다. 카페를 통해 만남의 물꼬를 트고 K-POP 댄스 강습, 한국어 강습 등을 통해 일회성 만남은 지속적인 만남으로 이어집니다. 그러면서 우리는 서로 일상을 공유하고 마음을 공유하는 친구가 됩니다. 카페에서보다 한 발자국 더 가까워진 관계를 통해 복음 전파의 기회가 더 많아진 것입니다.

마지막 공간은 크리스천 위주로 학생들을 받아 운영하는 기숙사입니다. 기숙사를 통해서는 조금 더 깊이 있는 만남, 그리고 제자로의 훈련까지도 가능합니다.

찬찬히 단계를 밟아 가며 그들에게 하나님을 전하고, 또 하나님의 사랑을 느끼도록 하고, 그 사랑을 전하도록 그들을 훈련시키고자 하는 것이 다리 카페를 통한 저의 비전이자 소망입니다. 물론 이것은 저만의 소망이 아니라 다리 카페에서 함께 하는 모든 동역자들의 소망일 것입니다.

평소에는 다른 곳들과 다름없는 평범한 카페와 커뮤니티 공간이지만 우리는 다리 카페를 통해 전도 집회를 열기도 하고, 전도지를 전달하기도 합니다. 이렇게 저와 동역자들은 다리 카페의 이름을 가지고 땅 끝으로, 그리고 말레이시아 대학생들의 마음에 하나님의 사랑이 깊이 뿌리내리도록 기도하고 노력하고 있습니다.

거룩한 땅으로
당신을 초대합니다

그 무엇도 복음의 전진을 막을 수 없을 것입니다. 그 누구도 마지막 한 영혼까지 구원하시려는 하나님의 열심을 중단시킬 수 없습니다. 바울은 복음을 위해 감옥에까지 섰습니다. 저는 복음을 위해 주방에 섰습니다. 여러분은 어느 곳에 서 있습니까? 여러분이 서 있는 곳은 복음의 자리입니까? 비록 인간적인 성공의 자리가 아니어도 복음의 자리라면 그곳은 '거룩한 땅'입니다.

"바울이 온 이태를 자기 셋집에 머물면서 자기에게 오는 사람을 다 영접하고 하나님의 나라를 전파하며 주 예수 그리스도에 관한 모든 것을 담대하게 거침없이 가르치더라(행 28:30-31)."

저는 제가 경험한 거룩한 땅으로 여러분을 초대하고 싶습니다. 순간을 살아가는 삶이지만 우리는 항상 마지막 날을 바라보아야 합니다. 지금 이 땅에 살고 있지만, 우리의 시선은 땅끝을 향해야 합니다.

큰 흐름 속에서 실개천과 같이 미약하나마 선교의 마중물이 되고자 했던 6년간의 노력을 많은 분들과 함께 나누고자 합니다. 이 책에는 칭찬받을 만한 이야기들이 나올지도 모릅니다. 그러나 대부분은 하나님이 직접 하시거나, 저의 동역자들과 합력해 이룬 역사입니다. 주방을 지키며 전도 대상자들의 밥을 지었을 뿐인 저는 이제 잠시 리포터가 되어 그간의 이야기를 독자 여러분께 전하려 합니다. 우리의 이야기를 통해 많은 땅끝에 하나님의 복음이 그리고 사랑이 전해지기를 소망합니다.

2014년 6월, 마창선 드림

다리 카페 24시

'복음'과 '볶음'으로 분주한 코리안 주방장의 하루

새벽 5시 50분, 휴대폰 알람이 두 번째로 울린다. 아직 온몸에 묻어 있는 잠을 털어 내기에는 쌓인 피로가 무겁다. 하지만 영적 전쟁터에서 전신갑주로 무장하지 않는 것은 자살 행위이다. 아내는 선잠이 깬 둘째 아이를 다시 깊은 잠으로 돌려보내고 있다. 반바지 차림에 맨발, 그리고 슬리퍼. 한국에서는 아무리 새벽 기도라 해도 용납이 안 될 옷차림으로 대문을 나선다. 2층에서 공동체 생활을 하고 있는 청년들도 오려는지 문을 여닫는 소리가 들린다.

집에서 다리 카페까지는 채 1분이 걸리지 않는다. 고요한 새벽, 하루 중 가장 청량한 공기가 폐부를 정화해 준다. 카페에 도착하니 벌써 문이 열려 있다. 먼저 온 동료 사역자들은 벌써 기도를 하고 있다. 오늘 인도를 맡은 동역자의 짧은 말씀 나눔에 이어 자유로운 기도 시간이 이어진다. 이 땅에 하나님의 나라와 의가 임하기를 구하며 선포한다. 복음의 문이 열리길, 우리 대학교 학생들의 마음 문이 활짝 열리길 바라며 기도한다. 지금 만나고 있는 몇몇 학생들의 이름을 부르며 간구한다. 그들 손목에 채워진 전도 팔찌처럼 복음의 구절구절이 심령에 채워지길 기도하며 나의 하루가 시작된다.

마 셰프의 아침은 시장에서부터

오늘은 기숙사에서 전도 행사가 있는 날이라 준비해야 할 것들이 많다. 특히 야외 행사라서 날씨가 관건이다. 건기를 지난 시기라 하루에 한 번씩은 열대 소나기가 오곤 한다. 기후 변화가 많아 어떤 날은 하루 종일 비가 올 때도 있다. 비만 그치면 금방 해가 나고, 빗자루로 구석구석 쓸어낸 듯 깨끗한 세상이 햇빛 아래 드러난다.

순간 '지금이 몇 월이더라?' 스스로 물어본다. 머릿속이 가물가물하다. 1년 365일 32도 이상의 더위가 계속되기 때문에 정신을 차리지 않으면 날짜는 고사하고 몇 월인지조차 잊게 된다. 말레이시아에서의 1년은 지루하다. 반복되는 날씨, 반복되는 육체 노동……. 3평 남짓 주방에 갇혀 지내다 보면 쳇바퀴를 도는 다람쥐가 된 기분이 들 때도 많다.

새벽 기도를 마치고, 기분 전환도 할 겸 로띠 차나이를 사러 차를 타고 나선다. 아내가 제일 좋아하는 길거리 식당으로 향한다. 로띠 차나이는 적당히 발효시킨 밀가루 반죽을 넓게 펴서 빈대떡처럼 기름에 지지는 인도 음식이다. 갖은 야채를 넣어 끓인 카레에 찍어 먹으면 아침 식사로 그만이다. 단돈 300원, 두 장을 먹어도 600원이다. 두 장을 먹으면 제법 큰 햄버거 하나를 먹은 정도의 포만감이 느껴진다.

종이에 둘둘 말아 고무줄로 고정시킨 로띠, 역시 아내가 좋아한다. 아내는 새벽 기도회에서 돌아와 둘째 등교 준비를 하고 있다. 중국계 현지 학교를 다니는 큰 딸은 7시 전에 학교로 출발했고, 아들인 둘째는 국제 학교를 다녀서 등교가 약간 늦다. 나도 기분 좋게 배를 채우고, 둘째를 학교에 내려 주었다.

이제 본격적으로 셰프로서의 일상이 시작된다. 학교에서 아침 시장까지는 차로 3분 거리. 시장은 나처럼 아이들을 데려다 주고 온 사람들로 북적거린다. 오늘은 오랜만에 돼지고기 요리를 하려고 한다. 사실 카페에서는 돼지고기를 전혀 사용하지 않는다. 말레이시아는 이슬람 국가이고, 돼지고기를 먹지 않는 이슬람 문화를 존중하기 위해서다. 하지만 오늘은 특별히 중국계 학생들을 위한 초청 잔치이기에 그들이 제일 좋아하는 김치 돼지고기 볶음이 오늘의 주요리가 될 것 같다. 삼겹살을 20kg 정도 주문하고, 다른 야채와 달걀을 사러 종종걸음으로 시장을 휘젓는다.

"풉……." 단골 야채 가게 아주머니를 보자 웃음이 나왔다. 얼마 전 아침에 일어나자마자 시장으로 바로 온 적이 있었다. 10분 넘게 시장을 보다가 오늘처럼 야채 가게 앞에 섰는데, 아주머니가 차마 박장대소는 하지 못하고, 웃음을 참으면서 자신의 티셔츠를 가리켰다. 내가 영문을 몰라 어리둥절해 하자 결국 내 티셔츠를 가리키며 웃었다. 그제야 내려다보니 티셔츠를 뒤집어 입고 다녔던 것이다. 생각해 보니 전날 밤이 열대야라 잠결에 티셔츠를 벗었던 기억이 있다. 새벽녘에 잠이 덜 깨서 주섬주섬 입었는데, 뒤집어 입었던 것이다. 겉과 속도 바뀌고, 앞과 뒤도 바뀐 채로 여기저기 인사하며 돌아다닌 것이다.
동네 바보처럼 말이다.
이후로 그 아주머니와 더 친해졌다. 씩 웃으면, 나도 씩 웃어 준다. 작년 크리스마스, 올해 설날과 부활절, 계속 전도지를 주었다. 계속 주다 보면 언젠가 결정적인 순간이 올 거라 믿는다.

오늘은 김치도 담가야 한다. 일주일에 한 번은 김치를 담근다. 배추를 25kg 정도 고른다. 무도 5개 정도 골라 놓고, 갈아 넣을 빨간 고추와 생강, 마늘도 바구니에 담는다. 이것저것 장을 다 보고 계산을 하니, 주인아저씨가 배추 더미를 들고 기다린다. 짐차, 자가용, 사역용으로 다양하게 쓰이는 우리 차 뒤에 야채를 싣고 돼지고기를 찾으러 간다. 신선한 생고기가 꽤 양이 많다. 일주일에 두 번은 현대식 할인 매장에서도 장을 봐야 한다. 보통 50만 원 정도는 쓴다.

다리 카페의 일상

장을 다 보고 카페로 돌아와 짐을 내리니 두 시간이 후딱 지나갔다. 집에 가서 옷 갈아입고 올 시간은 아직 남았다. 11시가 다 되어 2명의 자매들과 같이 카페로 향했다. 1년 동안 사역 봉사를 하기 위해 온 자매들은 이렇게 힘들 줄은 모르고 왔단다. 카페라고 해서 커피나 내리고 조각 케이크나 팔면 되는 줄 알았단다. 말레이시아의 카페는 음식과 음료를 함께 파는 것이 보통이다. 일반 식당보다 음료가 좀 더 다양하고 전문화된 것뿐이다. 스타벅스도 말레이시아에서는 처음으로 레스토랑식 매장을 냈다. 변신에 성공하면 성장 한계에 다다른 커피 시장에 새로운 돌파구가 될 것이라 한다. 아무튼 음식을 만드는 것은 고된 일이다. 게다가 한국 음식은 손이 많이 간다.

매장에 도착하니 2층에 있던 형제들이 벌써 내려와 있다. 청년들은 총 4명. 쌓여 있는 식자재를 맡아 알아서 일을 나누어 시작한다. 한 명은 홀에서 오픈 준비를 하고, 두 명은 배추를 씻어 자른다. 한 명은 오늘 쓸 육수와 다른 재료 준비를 점검한다. 육수를 끓이니 주방 안의 온도와 습도가 높아지기 시작한다.

20분쯤 지나니 첫 손님이 왔다. 반가운 우리 대학교 학생 커플이다. 일주일에 두 번 정도는 여기 와서 데이트를 한다. 음식이 나가는 창문으로 눈인사를 한다. 물론 조금의 경계심도 없다. 난 그들에게 그냥 카페 주방장일 뿐이다. 주문한 음식을 내보내고, 잠깐 주방을 나왔다. 그 커플을 오늘 행사에 초대하기

위해서다. 관심을 보이며 올 수 있도록 노력해 보겠다는 대답을 들으니 힘이 난다. 카페의 하루 매상은 내가 한국에서 받았던 한 시간 강사비도 안 될 때가 많다. 그 매상을 올리려고 대여섯 명이 하루 종일 난리법석을 치고 나면 그 비효율성에 쓴웃음이 날 때도 있다. 매출이 좋은 날은 그래도 기분은 좋다. 비가 오거나, 학생들 방학 기간이 되어 매출이 떨어지는 날은 더 힘들다. 카페라는 공간이 경제적인 면에서는 비효율적일진 몰라도 복음 전파에는 충분히 효과적이다. 카페를 통해 모든 관계가 형성되고, 가능성이 열린다. 경계심도 풀어진다. 가장 많은 학생을 만날 수 있는 방법이다. 기숙사까지 오픈한 이후로는 감당이 안 될 정도로 많은 친구들을 카페에서 만난다. 한 명 한 명 다 기억할 수도 없을 정도로 말이다. 빨리 학생들이 예수님의 제자가 되어 다단계 전도가 일어나야 감당이 될 것이다. 그전까지는 좀 집단적이지만 이렇게라도 전도 행사를 해야 한다.

점심 피크 타임이 끝나면 스태프들이 후딱 점심을 먹는다. 나는 그냥 찌개에 밥을 말아서 먹는 걸 좋아한다. 간단하게 빨리 먹을 수 있기 때문이다. 밥을 먹고 김치 속 재료를 만든다. 속 재료와 비법 소스, 액젓 등을 넣고 믹서로 간다. 아침에 산 빨간 고추도 함께 간다. 한국에서 온 고춧가루를 적게 쓰기 위해서다. 가격대를 맞춰야 하기 때문에 한국 재료를 맘껏 쓸 수는 없고, 최대한 현지화해야 한다.
청년들이 식사를 마치고 와서 절여 놓은 배추도 씻고, 떨어진 식자재도 다시 채워 넣는다. 김치는 이제 청년들에게 맡기고, 전도 행사에 쓸 음식 메뉴를 결정한다. '김치 돼지고기 볶음을 메인 메뉴로 했으니까 샐러드가 좀 있어야겠다. 매운 음식을 잘 못 먹는 학생도 있으니까. 그리고 잡채를 좀 해볼까?' 간간이 오는 손님들 음식도 하다 보니 일손이 바쁘다. 3년간 바리스타로 일한 아내는 오늘 행사 때 마실 음료를 만들고 있다.

어느덧 오후 5시. 매장 문을 반쯤 내리라고 홀에 얘기한다. 이제 더는 손님을 받을 수 없다. 보통 다른 식당은 저녁 10시까지 영업을 하는데, 우리는 저녁 8시 반쯤 문을 닫는다. 저녁 8시쯤부터 시작되는 사역이나 연습이 있는

● 다리 카페에서는 학생들의 생일 파티가 종종 열린다.

경우가 많기 때문이다. 특히 오늘 같은 전도 행사가 있는 날에는 평소보다 영업을 조금 더 일찍 마감한다. 영업을 종료하고, 몇 명은 우선 기숙사에 접이식 탁자와 의자들을 가지고 세팅하러 간다. 나는 음식을 좀 더 마무리해야 한다. 마지막으로 돼지고기를 볶아 놓고 나니 딱 6시가 되었다. 이제 출발이다. 티셔츠에는 고춧가루가 좀 튀어 있다. 그래도 오늘은 앞에 나가 프로그램을 진행할 일이 없어 다행이다.

고마운 한류와 뜨거운 복음 잔치

작년까지는 기숙사가 없어서 주로 카페에서 전도 행사를 했다. 그러면 정말 10초 전까지 음식을 하다가 땀에 절고 음식 냄새가 풀풀 나는 채로 홀에 나가 노래도 부르고 행사 진행도 하곤 했다. 내 순서를 마치면 또 허겁지겁 주방에 들어와 음식을 했다. 카페에서 행사를 진행할 때에는 최대 50명 정도의 학생들을 초대할 수 있었는데, 기숙사가 생긴 뒤 넓은 마당을 이용할 수 있게 되면서 더 많은 인원을 수용할 수 있게 되었다. 기숙사 마당에서 행사를 했던 지난번에는 80명이나 왔다.

우리는 이렇게 초청된 친구들을 VIP라고 부르곤 한다. VIP는 가정 교회 운동에서 쓰는 용어다. 마당에서는 벌써 바비큐가 익어 가고 있다. 반 자른 드럼통에 숯불을 피우고 석쇠를 얹어 닭고기와 소시지를 굽는데, 연기와 향기가 엄청나다. VIP들을 불러 모으는 이 연기와 향기를 하나님이 기뻐하시고 흠향하시리라. 음식들을 쭉 세팅해 놓으니 슬슬 배가 고프다. 학생들도 점점 모여든다. 안면이 있는 친구들이 나와 아내를 보더니 한국말로 "안녕하세요" 하며 크게 인사한다. 학생들은 한국 사람을 좋아한다. 한국 친구가 있다는 것을 자랑으로 여긴다. 고마운 한류의 영향으로 '코리안 네이티브 스피커'는 이들의 좋은 이웃이 될 수 있다.

어떤 때는 말레이시아가 한국처럼 느껴질 때도 있는데, K-POP이 울려 퍼지는 곳이 적지 않기 때문이다. 나도 모르는 한국 음악이 곳곳에서 나온다. 한국 드라마는 물론이고, '안녕하세요'가 '굿모닝' 못지않게 잘 알려져 있다. 또한 이곳 학생들은 한국에 가면 이민호 씨 같은 남자를 쉽게 만날 줄로 오해(?)하기도 하고, 웬만한 한국 여성은 걸그룹 카라나 소녀시대같이 춤을 잘 추는 미녀라는 환상을 가지고 있기도 하다. 그래서 한국은 이들에게 문화적 성지와도 같은 로망의 대상이며 꿈의 여행지다.

기숙사 학생들에게 들으니, 오늘은 좀 학생들이 많이 올 것 같단다. 100명을 넘길 것 같다고. 동역자인 미세스 람이 음식을 가져온다. 치킨 카레와 볶음국수를 엄청나게 많이 만들어 왔다. 양념에 재운 닭고기는 이미 굽고 있다.

● 전도 행사를 위해 학생들이 바비큐를 굽고 있다.

7시부터 배식을 시작한다. 마당 입구에는 계속 새로운 학생들이 들어오고 있다. 자리가 모자라서 일부는 이미 기숙사 거실 바닥에 앉아서 먹고 있다. 8시쯤, 식사를 거의 마치는 시간에 얼핏 세어 보니 150명이나 된다. 밥이 모자라 두 번 더 카페를 왔다 갔다 했다.

오늘은 남미에서 온 단기 선교 팀이 함께했다. 「오 해피데이」를 비롯해 찬양 몇 곡을 했는데 반응이 참 좋다. 분위기가 고조되었을 때 기숙사 사역을 동역하고 있는 에스겔 선생님이 밧줄을 가지고 나와서 매직쇼를 곁들여 복음을 전했다. 효과 만점! 다들 집중해서 듣는다. 한 학생을 나오게 해서 가위로 줄을 자른다. 이렇게 인간과 하나님의 관계가 단절되었음을 설명하고, 그 끊어진 관계의 다리가 되시는 예수 그리스도를 소개한다. 회개와 구원의 메시지를 전하고 잘린 줄을 주먹에 쥐고 쓰다듬다 쭉 빼니 어느새 감쪽같이 다시 붙어 있다.
박수갈채가 나온다. 복음에 환호하는 건지 매직쇼에 환호하는 건지 모르겠지만, 어쨌든 그들은 집중해서 복음을 들었다. 그다음은 하나님이 하실 일이다. 분명 그중에는 복음을 마음에 받아들이는 친구가 있으리라 믿지만, 많은 친구들은 시간이 더 필요할 것이다. 믿을 때까지 반복해서 계속 전해야 한다.

오늘 한 번 더 복음을 전할 기회가 있다. 전도 팔찌다. 얼핏 보니 이미 전도 팔찌를 차고 다니는 친구들이 있다. 지난번 단기 선교 팀이 와서 나눠 준 것인가 보다. 카페에서 함께 일하는 요셉 선생님이 나와서 전도 팔찌로 한 번 더 복음을 설명한다. 녹색은 하나님의 천지창조, 검은색은 인간의 죄, 빨간색은 예수님의 보혈, 흰색은 성결과 구원, 노란색은 영원한 천국을 의미한다. 각 구슬의 색으로 명쾌하게 복음을 설명하고 나서 전도 팔찌를 선물한다.

약간의 공연과 게임이 더 이어지고, 9시 반이 돼서야 모든 행사가 마무리 된다. VIP들은 돌려보내고 뒷정리를 한다. 설거지거리를 모아 카페로 간다. 설거지 담당 아르바이트는 7시쯤 와서 영업이 끝난 카페에서 이미 일을 하고 있다. 난 뒷정리를 도우러 다시 기숙사로 가야 한다.

모든 정리를 마치고 집에 가니 10시 15분. 하루가 길다. 샤워를 하고, 아내가 아이들을 재우는 동안 노트북을 꺼낸다. 전도 행사 사진을 다운받아 몇 장 골라 페이스북에 올려놓고 있자니, 전화벨이 세 번 울린다. 설거지와 매장 청소가 끝났다는 신호다. 문을 잠그러 가야 한다. 카페 문을 닫고 오니 밤 11시가 넘어간다. 무척 힘들지만 마음에는 감사가 넘친다. 낮에 과음한 카페인에도 불구하고 스르르 잠에 빠져든다. 내일은 또 내일의 해가 뜰 것이다.

*이 글은 카페에서 일어날 만한 일들을 하루에 압축해 재구성한 것이다. 사실 다리 공동체 동역자들은 새벽 기도를 잘하지만, 나는 주방 노동으로 축적된 피로를 핑계로 매일 참석하지는 못한다. 더운 날씨 속에 지내다 보니 몸이 많이 축났다. 영성으로 이겨내야 하는데, 동역자들의 기도에 빚진 채 살아가고 있다.

매일 행사를 만들어 전도를 하는 것은 아니다. 못하고 지나가는 날이 더 많다. 하지만 매일 전도를 하기 위한 다리를 놓는다는 생각으로 산다. 그러기 위해서는 만나야 하고, 관계를 맺어야 한다. 먼저 내 삶으로 복음을 보여 주어야 한다. 크리스천의 일상과 성품을 그들이 알아볼 수 있어야 한다. 외국인에게 일상은 관계의 중요한 조건이다. 선교사라고 밝힐 수 없기 때문에 하는 일 없이 스파이처럼 지내면 사람들과 솔직하고 진실한 관계를 맺을 수 없고, 선의든 악의든 거짓말을 할 수밖에 없게 된다. 그러므로 성실한 일상을 만들어 나가는 일터는 매우 중요한 선교의 전제 조건이 된다.

* QR코드로 다리 카페의 일상을 직접 감상해 보세요.

● 한류 문화도 만나고 맛있는 한국 음식도 맛볼 수 있는 다리 카페.
다리 카페는 젊은이들의 거리인 서울 홍대 앞의 작은 카페를 콘셉트로 만들었다.

얼마나 외로웠니 끝없는 사막에 홀로 남겨진 것처럼

어둠이 몰려오고 추위가 널 덮을 때 비로소 넌 혼자인 걸 알았지

얼마나 괴로웠니 깊은 바닷속에 홀로 빠져든 것처럼

……

- 「벼랑 끝에 선 친구에게」 중에서

PART 1

땅끝에서,
더 늦기 전에

하나님의
셰프

아파트 10층에서 뛰어내린 그 학생

• 2013년 9월, 내가 탄 비행기는 내 인생의 전성기 5년을 보낸 말레이시아로 다시 향하고 있었다. 마흔을 넘어 중년으로 들어서는 피로감이 내 어깨에 얹혀 있었다. 선교 콘퍼런스에 참여하기 위해 한국에 머문 2주간 실로 오랜만에 고국의 가을이 주는 찬란함에 젖었던 나는 그 놓치기 싫은 이미지들을 계속 음미하고 있었다. 그러는 중 지난날들에 대한 기억세포가 활성화되면서 지난 5년간의 타국 생활을 돌아보게 되었다.

수많은 말레이시아 대학생들과의 만남, 사랑하는 이들과의 동역, 다리 카페와 커뮤니티 센터, 기숙사에서의 일들, 노아 댄스 말레이시아 팀의 성과 등 어렴풋한 시간의 순서에 따라 중요한 사건과 사람들이 머리를 스쳐 갔다. 마음속 달력을 한 장, 한 장 넘길 때마다 가슴을 따뜻하게 하는 얼굴들도 떠올랐다. 하지만 2013년 8월의 달력을 마주할 때, 추억은 후회와 자책의 오열로 바뀌어 갔다.

2013년 8월 28일. 처음에 나는 그 사건을 일간지에 심심찮게 나오는 사고 기사처럼 담담하게 받아들였다. 안타까운 여학생의 이름은 씨우친이었다. 씨우친은 그날 밤 아파트 10층에서 뛰어내려 자살했다. 시험 기간이었다. 그날 씨우친은 몇 개 과목에서 낙제점을 받아 절망한 상태였고, 집에 혼자 있는 시간에 극단적인 선택을 하고 만 것이다. 대개 말레이시아 학생들은 주중에 학교 주변에서 자취를 하며 머물다가 금요일 저녁에 고향으로 갔다가 월요일 아침에 돌아온다. 10-20% 정도의 학생들은 주말에 집에 가지 않는다. 씨우친은 주말에 외롭게 자취방에 혼자 남아있던 학생 중 하나였던 것이다.

사고가 난 지 며칠 후에 나는 그 학생이 우리가 그토록 하나님을 소개하고 싶었던, 바로 우리 대학의 학생이었다는 소식을 듣게 되었다. 그녀가 우리 카페에 온 적이 있는지 혹은 부활절 달걀이나 전도지를 받은 적이 있는지는 알 수 없었다. 하지만 담담했던 마음이 무너져 내리는 듯했고 점점 더 마음이 아파왔다. 소문처럼 전해 들은 소식이 헛소문이길 바라며 며칠을 보내다가 루이 교수님과 만났다. 루이 교수님은 우리 대학에서 크리스천 모임을 지도하고 있는 현지인 동역자다.

"소식 들었는데, 헛소문이죠?"

"……."

루이 교수님은 침통한 표정으로 침묵을 이어 갔다. 사실이었다. 이름은 모르지만 낯익은 얼굴들이 수없이 눈앞을 스쳐 갔다. 카페를 통해 만난 친구들……, 막냇동생이나 조카처럼 사랑했던 얼굴들. 씨우친의 얼굴이 궁금해 인터넷을 뒤져 보았지만 그 얼굴을 찾을 수는 없었다.

벼랑 끝에 선 친구에게 바치는 노래

며칠 후 예정된 일정대로 한국을 방문하며 잠시 그 이름을 잊었었지만, 2주간의 일정을 마치고 말레이시아로 돌아가는 비행기 안에서 그 이름이 다시 떠올랐다. 슬픔을 걷잡을 수가 없었다. 옆 좌석이 비어 있어 눈물이나마 마음껏 흘릴 수 있어 다행스러웠다.

'왜 진작 더 많은 학생들에게 복음을 전하지 못했을까? 그 벼랑 끝에서 얼마나 괴롭고 무서웠을까? 그 사막 한가운데서 얼마나 외롭고 공허했을까? 왜 공부하고, 왜 시험을 보는지, 아니 왜 이 정글 같은 삶에서 살아남아야 하는지……, 그 짐을 혼자 지느라 얼마나 무거웠을까? 왜 빨리 주말에 남아 있는 아이들을 위한 가정 교회를 시작하지 않았을까? 죽기 전날 가정 교회 모임이 있었더라면 그런 선택을 하지 않았을지도 모르는데…….'

흐르는 눈물과 감정의 소용돌이 속에 단어들을 건져 올려 마음에 새기며 노래를 써 나갔다.

"너를 안아 주시는 그분을 그분을 만나렴. 그 이름 예수, 예수, 예수."

씨우친의 생전에 불러 주어야 했을 노래였다. 외로움을 달래며, 공허함을 위로하며 소개해야 했을 이름이었다. 피를 토해 내듯 쏟아지는 노래를 마무리하자 더욱 슬픔에 빠져들어 흐느낌 없이 그저 눈물만 나왔다. 그 친구의 감정에 이입되어 마치 내가 벼랑 끝에 서 있는 느낌이었고, 바다 깊이 가라앉은 듯한 느낌이었다. 더 깊은 감정의 수렁에 빠지지 않으려 몸서리를 치며 이성과 의지를 깨우고자 안간힘을 썼다.

'그래, 연말까지 더 늦기 전에 전교생에게 복음을 전해야지. 하루에 30명씩 학생들을 카페에 초청할 수 있다면, 100일이면 가능할 거야. 주말에 남아 있는 친구들을 위해 가정 교회를 시작해야 해. 전도 팔찌를 연말까지 3천 개 만들자.'

얼마나 외로웠니 끝없는 사막에 홀로 남겨진 것처럼

어둠이 몰려오고 추위가 널 덮을 때 비로소 넌 혼자인 걸 알았지

얼마나 괴로웠니 깊은 바닷속에 홀로 빠져든 것처럼

숨이 막혀 오고 온몸이 마비될 때 넌 네 안에 죽음을 느꼈지

좌우를 둘러봐도 끝없이 몰려오는 절망과 고통의 풍경뿐

앞뒤에 외쳐 봐도 천둥처럼 울려오는 공포와 침묵의 메아리뿐

이제 눈을 들어 하늘을 바라보렴 내 사랑 내 귀한 친구여

아무도 없는 것 같은 그 시간과 공간 속에서

너를 구할 그분이 네 위에 계셔

이제 눈을 들어 그분을 찾아보렴 내 사랑 내 귀한 친구여

그 사막 안에서 그 깊은 바닷속에서 너를 안아 주시는 그분을 만나렴

그분은 예수.

- 「벼랑 끝에 선 친구에게」

* QR코드로 찬양을 직접 감상해 보세요.

마 셰프의 창조선교 특강 1

/ 땅끝의
다음 세대를 향하여 /

제가 서 있는 땅은 말레이시아입니다. 우리나라의 서남쪽에 위치한 말레이시아는 많은 한국인들에게 쿠알라룸푸르, 코타키나발루 등 동남아 여행 상품에 등장하는 휴양지 국가로 알려져 있습니다. 하지만 제가 살고, 경험한 말레이시아는 우리가 단편적으로 알고 있는 휴양지 국가의 모습만을 가지고 있지 않습니다. 복음을 전할 땅에 대해 관심을 가지는 것은 선교의 첫걸음입니다. 지금부터 제가 살고 있는 말레이시아를 소개하고자 합니다.

이슬람의 나라, 말레이시아

말레이시아의 국교는 이슬람교입니다. 하지만 말레이계 이외의 인종에게는 종교의 자유가 헌법으로 보장되어 다른 종교를 가질 수 있습니다. 그래서 이슬람교를 믿는 말레이인을 상대로 한 전도 활동은 불법 행위로 간주됩니다. 또한 말레이시아에는 이슬람 국가에 존재하는 종교 경찰이 있어 선교사로서의 삶을 살아가는 우리들은 늘 긴장하며 살아야 한답니다.

말레이계 무슬림들은 말레이시아 인구의 60% 정도가 됩니다. 우리가 적극적으로 복음을 전할 수 없는 사람들입니다. 그 외에는 25%의 중국계(화교), 8%의 인도계, 그리고 원주민과 기타 외국계 주민들이 있습니다. 말레이시아에서 종교 문제는 인종 간 갈등과 결합되어 민감한 이슈입니다. 개종을 금지하는 이슬람 교리와 헌법상 규정된 종교의 자유가 충돌하기 때문이죠.

말레이시아는 1414년 이슬람교를 국교로 선포했는데 이후, 이슬람교는 말레이시아의 문화와 생활에 많은 영향을 끼쳤습니다. 정부의 공식 행사는 이슬람식 기도로 시작되며, 각 주의 왕이자 종교적 지도자이기도 한 술탄(Sultan)은 모두 말레이계 무슬림입니다. 또한 곳곳에 모스크(이슬람 사원)가 있고, 하루에 다섯 번씩 아잔(이슬람 기도)이 온 땅에 울려 퍼집니다. 한 달간의 라마단 기간에는 식사가 금지되기도 합니다. 또한 여성들은 '두둥'이라는 스카프로 머리카락과 귀를 완전히 가려야 하며 남자들은 4명의 아내를 둘 수 있습니다.

관계와 문화의 오픈 마인드

철저하게 이슬람 문화로 꽁꽁 잠긴 것 같은 말레이시아는 사실 이슬람 국가 중 개방적인 나라에 속합니다. 전 세계의 어느 나라와도 벽을 쌓지 않는 것은 물론이고, 문화에 있어서도 개방적입니다. 서방 세계와의 경제적 협력은 말할 것도 없고 중동 국가들과도 밀접한 관계를 맺고 있습니다. 심지어 북한과도 좋은 관계를 유지하고 있는 것으로 알려져 있는데, 쿠알라룸푸르는 북한과 직항 항공 노선이 있는 몇 안 되는 도시 중에 하나입니다.

특히 말레이시아에서는 한류 문화에 대한 관심과 인기가 높아 한국의 문화 콘텐츠, 음식을 아주 좋아합니다. 복음화율 0.1%미만의 말레이계 대학생들도 한국 드라마는 물론 한국 가수와 가요에 관심이 많습니다. 이는 우리가 복음을 전하는 데 귀한 힘이 되고 있습니다. 한국인 선교사로서 말레이시아에 더 친근하게 다가갈 수 있도록 도와주기 때문입니다.

이처럼 말레이시아는 이슬람 문화와 우리의 문화가 자연스럽게 만날 수 있는 교량 역할을 하고 있습니다.

말레이시아, 복음의 희망

우리는 해마다 천 명 정도의 대학생들에게 직접 복음을 듣게 하고, 3천 명 이상에게는 전도지를 통해 복음을 전달합니다. 2년 전 5명 정도에 불과하던 우리 대학교 내 크리스천 모임이 이제 30명을 훌쩍 넘기고 있으니 6배나 성장한 셈입니다. 그 성장에는 한류 문화의 도움이 컸습니다.

그러는 사이에 사역도 확대되어 'MY NOA'라는 프로그램으로 20여 명의 청소년이 달란트를 통해 섬기는 복음 사역자로 훈련받게 되었습니다. 여기에는 여러 명의 중국계 학생과 3명의 현지 아이들이 함께하고 있습니다.

아직은 사회제도적으로 복음을 받아들일 수 없는 특수 계층 사람들에게 전도를 적극적으로 할 수는 없는 상황입니다. 하지만 회심한 학생, 아네스에게서 말레이시아의 미래를 바라보며 이 땅을 향한 하나님의 기적을 간절히 소망하고 있습니다.

　다문화, 다인종, 이슬람 문화로 상징되는 말레이시아는 이제 우리가 다가가야 하고 또 복음을 전해야 할 땅입니다. 이 척박한 땅에 복음의 씨앗을 뿌리내리기 위해 오늘도 말레이시아의 뜨거운 무더위를 이겨 내며 우리가 뿌리는 작은 씨앗이 언젠가 많은 열매를 맺는 큰 나무로 자라나기를 기대하면서 말레이시아, 이 땅을 위해 기도합니다.

주님 가라 하시네 나의 본토를 떠나

주가 지시할 땅에 주님 가라 하시네

주님 서라 하시네 이곳은 거룩한 땅

내 발에 신을 벗고 주님 서라 하시네

……

- 「소명」 중에서

PART 2
다리 카페, 무모한 도전이 시작되다

하나님의
셰프

하나님의 계획은 무엇입니까

● 2008년, 하나님은 나에 대한 놀라운 계획을 가지고 계셨다. 그분의 계획은 나를 '무계획 상태'로 몰아넣는 것이었다. 계획 없이는 일도, 공부도, 교회 봉사도 하지 못하고 심지어는 여행도 가지 못하는 일종의 계획 강박증(?)에 걸려 있던 나에게 '무계획'이라니……!

그해 12월 초, 나와 아내는 선교에 대한 마지막 결단이 필요한 상황에서 모교회인 합정동 낮아지는교회의 이데니 담임 목사님께 면담을 요청했다. 내심 목사님께 기대했던 역할은 '계획 없는 선교지로의 무모한 출발을 책망함과 동시에 포기를 권유하는 것'이었다. 목사님은 내가 아는 목사님 중 가장 체계적이고, 계획적인 분이셨기 때문이다.

"그럼 한 2년 정도 먼저 다녀와 봐."

아……, 목사님은 하나님 앞에 자신의 계획을 내려놓는 훈련을 이미

마스터한 분이셨나 보다. 나의 기대는 의외의 답변으로 보기 좋게 무너지고 있었다. 순간 머릿속에서는 혼란스러운 감정이 요동쳤다. 컨설턴트라는 직업의 특성상 갑작스러운 감정의 기복을 감추는 훈련이 썩 잘 돼 있었던 나는 애써 담담함을 유지하고 있었다. 그러나 이어지는 말씀에 '번쩍' 하며 번개가 머리를 깨우는 듯한 느낌을 받았다.

"다른 사람이 계획 없이 가겠다면 말리겠지만 마창선이 계획 없이 가겠다니, 분명 하나님의 계획이 있는 것 같네."

그 이야기를 듣고, 모든 것을 내려놓고 부르심의 숙명을 받아들이자 생각하니 내 영혼은 어느새 평정심을 되찾았다.

'이제는 정말 가야 하나 보다.'

2008년 12월 1일, 내 상황은 진퇴양난이었다. 나는 2007년에 코티니(Cottiny)라는 주얼리 브랜드 론칭에 참여했다. 투자와 유통을 담당하며 동업하던 회사와 명동점을 시작으로 유통망을 넓혀 가고 있었다. 아내가 개인회사로 시작해 키워 온 주식회사 크리스탈타워(Crystal Tower)에 합류해 공동대표로 회사를 운영한 지 6개월 만의 일이었다. 코티니는 개인과 회사의 모든 역량을 동원해 야심차게 준비한 브랜드였다.

나의 이력을 간단하게 요약하면, 경희대에서 경영학을 전공하고, 1997년 ROTC로 철원 최전방에서 소대장 생활을 마쳤다. 대학 시절에는 선교한국을 통해 '비즈니스 선교를 통한 보내는 선교사'로 헌신했다. 1997년 7월부터는 이랜드에서 5년간 마케팅 리서치와 브랜드 전략 기획 업무를 담당했다.

직장 생활은 그야말로 계획의 연속이었다. 신입 사원 입사 직후 발생한 IMF 외환 위기 사태는 회사의 기존 계획을 모두 폐기하게 만들었고, 새로운 계획을 요구했다. 덕분에 나는 물류 센터에서 신입 사원 연수를 마친 후 기획조사 팀으로 합류했다. 수없이 많은 계획을 수립하기 위해 수백 개의 브랜드와 시장을 조사하는 것이 내 업무였다.

2001년에는 좀 더 구체적인 비즈니스 선교를 위해 선배들과 모라비안바젤이라는 컨설팅 회사를 시작했다. 첫 프로젝트로 이엑스알이라는 패션 브랜드 론칭 컨설팅에 참여했다. 이엑스알은 공전의 히트를 기록했고, 이 브랜드의 성공으로 많은 컨설팅 의뢰가 들어오게 되었다. 여세를 몰아 주얼리 브랜드 제이에스티나, 신발 브랜드 컨버스, 패션 브랜드 엘록, 코오롱 스포츠 등등을 성공적으로 론칭하며 5년여 동안 컨설턴트로 일한 후 MBA에 입학하고 회사를 그만두었다.

이런 과정을 거쳐 나중에 아내가 창업한 크리스탈타워에 합류했기 때문에 당시의 나는 경험과 지식이 절정에 이른 전성기를 지나고 있는 중이었다. 코티니 명동점은 월 매출 1억이 넘는 성공을 기록하며 업계의 관심을 받기 시작했다. 하지만 동업하던 회사와는 허니문 기간이 끝나면서 갈등이 시작되고 있었다.

이런 상황에서 2008년 4월, 말레이시아의 중국계 사업가로부터 갑작스러운 연락이 왔다. 명동에서 코티니 매장을 본 그는 이 브랜드를 라이선스해 말레이시아에 선보이고 싶다고 했다. 그 사업가의 제의는 새로운 전환점이 되었다. 선교를 위한 비즈니스 본부를 한국에 두지 않고, 해외에 두는 것에 대해 처음으로 생각해 본 계기가 되었기 때문이다. (크리스탈타워의 선교적 비전과 준비는 나중에 다시 언급하려 한다.)

4개월 후인 8월에 여느 해와 같이 말레이시아로 단기 선교를 갔다. 그때 선교 일정을 조정해 현지에서 그 사업가를 만났다. 연간 천억 정도의 매출을 올리는 주얼리 브랜드를 지닌 상장 기업이었다.

'아, 하나님이 우리를 우아한 방법으로 선교지에 보내시는구나.'

마치 각본이 잘 짜인 드라마를 볼 때와 같은 카타르시스를 느꼈다.

9월에는 계약 조건을 협의하기 위해 7명의 그 회사 팀이 한국을 방문했다. 계약의 구체적인 부분들을 논의하면서 기대감은 점점 커졌다. 매달 받을 수 있는 라이선스의 로열티는 생활과 사역을 충분히 할 수 있는 정도였다. 나는 말레이시아로 가서 새로운 브랜드를 만들거나, 한국의 다른 브랜드를 중개해 주는 컨설팅을 하는 등 장래에 대한 그림을 그려 나갔다.

한 번도 외국에 나가서 살겠다는 생각을 안 해본 우리 부부는 마음이 급해졌다. 생활, 교육, 언어 준비, 가서 회사를 세우는 일, 한국의 회사를 정리하는 일, 코티니 브랜드에 대한 동업 회사와의 계약을 새로운 방식으로 갱신하는 일 등등 할 일이 태산이었다.

우리는 엄청난 삶의 변화에 대비해 수많은 계획을 세워 나갔다. 동업하던 회사와는 선교지 네 곳의 브랜드에 대한 권한을 갖는 것으로 계약을 종료했다. 회사의 일부 직원은 동업하는 회사 쪽으로 이직을 하고, 선교에 헌신하고자 했던 직원들은 퇴사를 하고 과도기를 거쳐 말레이시아의 상황이 세팅되는 시기에 합류를 고려하기로 했다. 정규직으로 채용했던 3명의 새터민 직원도 안정적으로 동업 회사로 옮길 수 있었다. 우선 선교지에 브랜드 등록을 진행했다.

그런데 10월이 지나도 계약서가 오지 않았다. 1차 약속한 기한을 넘긴 것이다. 역시 화교들은 느긋하다 생각했다. 연락을 해보니 아직 계약서를 작성 중인데, 2주 내로 보내겠다고 했다. 그러나 다시 약속이 미뤄져 그다음 주에 보내겠다는 대답을 들었다. 다시 약속된 시간이 지나고, 하루 뒤에 보내겠다는 대답을 마지막으로 더 이상 약속 이행을 재촉하지 않고 기다렸다.

그러는 동안 한국의 회사는 정리가 됐다. 회사가 돌아갈 때는 돈이 있었다고 생각했는데, 막상 회사를 급하게 정리하니 재정적으로 남는 것이 없었다. 주변에서는 빚지지 않고 정리한 것도 다행이라며 위로를 했다.

어느덧 12월 초가 되어 담임 목사님과 면담을 하게 됐다. 모든 상황을 이미 알고 계셔서 짧게 말문을 열었다.

"목사님, 제 직감으로는 계약은 안 될 것 같습니다. 계획은 아무것도 없습니다. 아니, 아무런 계획을 세울 수가 없습니다. 그런데 하나님의 부르심은 있는 것 같습니다."

나중에 안 일이지만 계약이 코앞에서 멈춘 직접적인 원인은 리먼 브라더스 사태로 일어난 미국발 금융 위기였다. 그 말레이시아 회사의 11월 매출이 평년 수준의 50%가 되면서 크게 당혹감에 빠진 것이었다. 내게는 공교롭고 드라마틱한 타이밍이었다. 나는 하나님이 철저히 계획하신 무계획의 훈련 가운데로 들어가고 있는 중이었다. '내가 네게 보여 줄 땅'에 대한 계획은 당연히 내가 아닌 하나님께 있었던 것이다.

"너는 너의 고향과 친척과 아버지의 집을 떠나 내가 네게 보여 줄 땅으로 가라"(창 12:1).

계획을 내려놓다, 정체성을 내려놓다

2008년 12월 18일, 우리는 쿠알라룸푸르에 도착했다. 담임 목사님과의 면담 후 2주간 집과 짐을 초스피드로 정리했다. 둘째 아이가 아직 18개월이었기 때문에 분유와 기저귀를 짐에 꾸려 넣었다. 대형 이민 가방 세 개와 유모차, 슈트 케이스, 두 개의 노트북 가방 등등 초인적인 힘으로 가까스로 공항을 통과한 이삿짐을 아파트에 풀어놓으니 감사 기도를 해야 할지, 철퍼덕 주저앉아 울어야 할지 알 수 없는 마음이었다.

7년간 그 아파트를 사용하던 우리 교회 파송 선교사님이 1개월 전에 한국으로 철수한 상태였다. 한 달 동안 비어 있던 아파트는 덩그러니 우리 가족을 맞이했다. 방 3개 중 작은방 하나를 기도실로 만들고, 우리는 하나님의 계획이 무엇인지 묻기 시작했다.

이때의 상황은 말레이시아 생활 초창기에 탈고한 책, 『Slow Fashion』의 에필로그에 잘 나타나 있다.

나는 지금 말레이시아에 있다. 이곳으로 온 지 2개월쯤 되었다.

물론 느리게 사는 삶을 목적으로 이곳에 온 것은 아니다. 하지만 이곳의 상황에 맞추어 느리게 살고 있다.

처음 2주 동안은 휴대전화도 없이, 지갑과 신용카드도, 노트북도 없이 살았다. 10여 년간 내 분신과도 같이 매일 12시간 이상을 함께했던 도구들이었다. 바빴기 때문에 사용했는지 아니면 그것을 사용하느라 바빠졌는지 모르겠지만 한발 떨어져 느리게 걸어 보았다. 그동안 얼마나 바쁘게 살았는지 새삼 깨달아졌다. 하루의 삶은 느슨한 반바지와 편안한 티셔츠 한 장이면 족했다. 바쁜 삶을 상징하는 것들로부터 멀어진 느슨한 삶이었다.

이곳의 사람들은 낮잠을 잔다. 더운 날씨 때문에 하루를 바쁘게 살면 몸이 견뎌내지 못한다. 한국의 절반쯤 속도로 산다.

나는 치열한 삶, 곧 바쁜 삶에 익숙해져 있었다. 대학을 졸업하고, 군대를 가고, 일 많이 하기로 소문난 회사에 들어가고, 사업을 하는 동안 빠른 것

이 경쟁력이었다. 바쁘게 돌아가는 On-time의 관성에 밀려, Off-time의 삶도 바쁘게 산 것 같다. 바쁘게 먹고, 바쁘게 자고, 바쁘게 일어나고, 바쁘게 사랑하고, 바쁘게 만나고, 바쁘게 헤어지고, 바쁘게 걷고…….

이제는 좀 느리게 사는 것에 익숙해지고 있다. 가끔은 낮잠도 잔다. 하루에 너무 많은 일을 하지 않으려 한다. 아니, 할 수가 없다. 말레이시아에서는 관공서 한 곳을 가는 일이 하루의 일과를 다 잡아먹는다.

느리다는 것, 익숙하지는 않지만 마음 한편으로는 바라 왔던 것이 아닌가 싶다.

'속도'에는 스트레스가 있다. 인터넷은 엄청나게 많은 정보를 빠른 속도로 얻을 수 있게 해준다. 그러면 인터넷이 없는 시대보다 사람들은 더 선해졌는가? 더 행복해졌는가? 그 영혼이 더 풍성해졌는가?

속도에서 오는 스트레스를 벗어나 '의미'를 찾는 삶을 살고 싶다.

말레이시아의 반감된 속도와 무계획적 삶에 적응해 가면서도 한가하게 살지는 못했다. 떠나오기 전 한국패션센터에서 의뢰받은 책 『Slow Fashion』을 1개월 만에 탈고했고, 좋은 평가를 받아 1년 후인 2009년 말에는 『Slow Fashion II』를 출간했다. 말레이시아에 가서 처음 2년간은 한국에서 스카우트 제의도 꽤 들어왔다. 대기업의 마케팅 본부장 자리를 제안받았을 때는 인간적으로 솔깃한 마음도 들었다.

하지만 내 관심은 '하나님의 계획'에 있었다. 이런 '계획의 진공상태'를 만드신 그분의 뜻이 도대체 무엇인지 알고 싶은 오기가 발동했다. 기도와 말씀을 통해 그 뜻을 헤아리는 것에 집중했다.

2009년 1월 말, 우리는 쿠알라룸푸르에서 차로 네 시간 정도 걸리는 다스라는 도시로 이사를 갔다. 한찬양 선교사님을 돕기 위해서였다. 혹시 이곳이 하나님이 내게 보여 주실 땅인지 궁금해 결정과 실행을 지체하지 않았다. 비즈니스 형태로 선교해야 한다는 분명한 목표가 있었기 때문에 당연히 수도인 쿠알라룸푸르에 거주해야 했지만, 나의 삶은 점점 그런 상식적인 계획과는 멀어지고 있었다. 나는 하나님과 힘을 합쳐 내가 아는 땅과는 완전한 단절된 미개척지인 그곳으로 스스로를 몰아갔다.

쿠알라룸푸르는 그때까지 6년간 다섯 번의 단기 선교를 왔던 지역이었다. 전임 선교사님을 통해 아는 분도 많았고, 집과 짐도 안정적으로 세팅되어 있었다. 하지만 기도로 나아가고 하나님이 주장하시면 순종의 발걸음을 옮기는 훈련이 필요했다.

아는 분께 차를 빌려 다스로 갔다. 엔진에서 냉각수가 새서 30분마다 차를 세우고 물을 채워야 했다. 몇 번씩 엔진 온도가 한계점까지 올라 위험한 시간을 넘겨야 했다. 한국과는 운전석과 차선 방향이 반대라 나는 초보 운전이나 다름없었다. 엔진 온도가 올라가기 시작하면 갓길이나 휴게소에 차를 세우고 냉각수 탱크에 물을 부었다. 그때마다 끓는 물과 수증기가 용암처럼 분출됐.

천신만고 끝에 기본 짐과 함께 가족을 이동시키고, 며칠 후 한 선교사님과 함께 쿠알라룸푸르로 왔다. 트럭을 빌려 나머지 짐을 싣고 다스로 출발했다. 이때 마지막 남은 '계획에 대한 미련'을 내려놓는 사건이 발생했다.

우리는 출발한 지 두 시간쯤 후에 고속도로에서 타이어가 펑크 나는 큰 사고를 당했다. 고무가 터지고 휠이 아스팔트 바닥을 긁으면서 금속성의 날카로운 소리가 났다. 운전사가 급브레이크를 밟았거나, 주변에 차가 있었다면 대형 사고로 이어질 수밖에 없는 아찔한 상황이었다. 내가 앉은 낡은 트럭의 중간 좌석은 안전벨트도 없었고, 시속 100km로 고속 질주 중이었다. 나도 모르게 외마디 소리를 질렀다. 하지만 운전수는 신기할 정도로 침착했다. 마치 보이지 않는 손이 운전대를 함께 잡고 있는 듯했다. 그는 브레이크를 밟지 않고 엑셀에서 발을 떼며 천천히 속도를 줄여 굉음을 내며 휘청대는 트럭을 갓길로 몰고 갔다. 다행히 주변에는 함께 달리던 차도, 뒤따라오는 차도 없었다.

차가 완전히 멈춘 뒤 내리는데, 잔뜩 달구어진 아스팔트의 뜨거운 공기가 폐부에 '훅' 하고 들어왔다. 정말 놀라운 것은 타이어였다. 바람이 새거나 구멍이 난 정도가 아니라 갈기갈기 찢겨 걸레처럼 너덜너덜해져 있었다. 내 인생에서 가장 극적인 위기, 죽음을 눈앞에서 모면한 순간이었다. 차가 뒹굴지 않을 확률이 10%나 되었을까?

이날 이후 더욱 하나님의 계획이 궁금해졌다. 죽음의 갈림길을 지나 다스에 도착한 나는 이미 죽음이 유예된 목숨이었다. 10년이 넘게 계획을 세우는 것이 직업인 기획자로 살았다. 계획이 없이 산다는 것은 죽음과도 같은 일이었다. 피아니스트에게서 피아노를 빼앗고, 프로그래머에게서 컴퓨터를 빼앗는 것과 같았다. 무계획 속에 갇힌 나는 호흡을 빼앗긴 것처럼 가슴이 답답했었다.

하지만 죽음의 그림자를 맛본 뒤에 찾아온 것은 의외의 평온함과 자유였다. 죽을 수도 있었는데, 그렇게 죽는 건 어차피 내 계획 속에 없었는데……, 무계획이 대수란 말인가? 더군다나 나를 향한 하나님의 명확한 계획이 있음을 믿는 마당에.

충격요법치곤 좀 과했지만 효과는 만점이었다. 계획을 내려놓고, 자존심과 나의 정체성을 내려놓는 데 죽음만한 특효약이 또 있을까? 터미네이터처럼 아무리 죽여도 스멀스멀 되살아나 뒤를 쫓아오던 옛 자아는 다스로 가는 고속도로 위에서 죽었다.

한동안 휴대전화도 지갑도 없이, 반팔과 반바지에 지폐와 동전 몇 개가 내가 지닌 전부였지만 가볍고 자유로웠다. 그것은 천국을 향해 달리는 마라토너에게는 최적의 유니폼이었다.

네가 왜 후원을 받니?

2009년은 기도를 쌓는 기간이었다. 여러 사역을 경험해 보고 돕느라 한가할 새가 없었다. 하지만 한국에서처럼 30분 단위로 시간 관리를 하며 살지는 않았다. 바빠서 하나님 음성도 들을 여유가 없는 삶과는 정반대였다. 하나님의 말씀이 없으면 한 발자국도 움직일 수 없는 삶으로 변해 갔다. 말씀을 통해 충분히 그분의 음성을 듣고, 기도를 통해 그 땅을 향한 소원을 쌓아 나갔다. 점점 더 부르심에 대한 확신이 생겼다. 우리는 말레이시아의 삶이 채 1년이 되지 않은 시점에서 장기 파송을 모교회에 요청했다.

늘 지혜가 넘치는 곽헌신 부목사님은 일단 혼자라도 한국에 들어와서 여러 각도로 방향을 타진해 보자고 권하셨다. 장기 파송이 말처럼 간단한 것이 아니라고 했다. 하긴 교회에도 질서가 있고 정서가 있다. 7년간 청년부 사역만 하던 집사가 갑자기 해외 선교사로 승진(?)한다면 성도들의 거부감도 당연할 것 같았다. 더구나 장년부 성도님들과는 안면이 많지 않은 상황이었다.

그때 나는 장로님들을 한 분 한 분 따로 만났다. 사랑으로 대해 주었지만, 내 정리되지 않은 계획과 저돌적인 열심에 쉽게 동의해 주시지는 않았다. "말레이시아에서 이렇게 하겠습니다. 파송을 허락해 주세요" 하며 한참 동안 설명을 드리면 이런 반문이 돌아왔다.

"그래서 선교를 하겠다는 건가, 비즈니스를 하겠다는 건가?"

그러나 장로님들을 개별적으로 만나면서 좋은 기회를 얻게 되었다. 1년간 했던 일과 앞으로의 계획을 주일예배 때 성도들에게 설명할 수 있는 선교 보고의 시간을 허락받은 것이다. 정식 선교사 자격은 아직 안 되지만 우리 교회 지체인데 일단 얘기라도 들어보자는 고마운 취지였다.

사실 말레이시아에서 꽤 많은 자료를 준비해 한국으로 가져갔었다. 컨설턴트의 습관대로 파워포인트에 50여 장의 자료를 담아 간 것이다. 그토록 '무계획'의 훈련을 받았건만, 어느새 인간적인 마음으로 설득해 보고자 다시금 '계획'이라는 카드를 꺼내 든 것이었다.

선교 보고를 하기 12시간 전, 토요일 밤이었다. 기도를 위해 텅 빈

본당에 올라갔다. 강대상과 그랜드피아노 한 대가 덩그러니 놓여 있었다. 내가 통제할 수 없는 하나님의 임재가 느껴졌다. 피아노 건반에 손을 얹자 하나님과 교회 앞에서 하고 싶었던 말들이 노래로 흘러나왔다.

> 주님 가라 하시네 나의 본토를 떠나
> 주가 지시할 땅에 주님 가라 하시네
> 주님 서라 하시네 이곳은 거룩한 땅
> 내 발에 신을 벗고 주님 서라 하시네
> 주 행하라 하시네 모든 영혼 구원해
> 주의 제자를 삼고 함께하라 하시네
> 누가 주님의 마음 시원케 할까? 그 누가 가서 주의 말씀 전할까?
> 누가 주의 맘 합한 자가 될까? 누가 이 땅에 주의 말씀을 선포할까?
> 이제 일어나 이 땅의 예배자 되어 구름같이 일어날 주의 군사와 함께
> 이제 가리라 이 땅의 전도자 되어 성령의 권능으로 땅끝을 향해
> 주님 오실 그날까지.
>
> -「소명」

＊QR코드로 찬양을 직접 감상해 보세요.

다음 날 선교 보고는 하나님의 계획대로 이루어졌다. 내가 만든 프레젠테이션 자료는 뒤로하고, 전날 주신 찬양을 성도님들과 나누었다.

1년간 지내며 찍은 사진을 함께 보며 성도님들은 노래를 들었다. 노래 중간에 막혀 있던 무언가를 하나님이 치워 주시는 듯한 느낌이 들었는데, 진정성 있는 고백에 성도님들의 마음을 열어 주신 것이었다.

이날 이후 파송을 위한 준비가 이루어졌다. 다시 말레이시아로 들어가 가족들을 데리고 파송식을 위해 함께 나왔다. 콘서트 형식으로 '동역의 밤'이라는 작은 행사도 준비했다. 함께 동역할 후원자들을 모으기 위한 행사였다. 말레이시아에서 만든 찬양을 녹음해 아마추어 음반도 만들었다. 이메일로 초청장을 만들고 함께 선교를 꿈꿨던 분들을 초청했다.

기도 제목과 후원 계좌가 담긴 냉장고 자석용 명함을 보자 어머니가 안쓰러운 표정으로 말씀하셨다.

"아니, 네가 왜 후원을 받니?"

1995년, 장교로 군 생활을 시작할 때부터 14년간 어머니께 생활비를 드렸고, 꽤 많은 금액의 선교 후원을 했던 사실을 아시는 어머니로서는 아들이 십시일반 후원을 받는다는 것이 받아들이기 힘든 변화였다. 사실 나와 아내에게도 후원을 하는 것보다 받는 것이 훨씬 힘들었다. 매년 청년들을 데리고 선교를 나갈 때마다 아내의 회사는 바자회 물품을 무상으로 아낌없이 제공해 주곤 했다. 게다가 10만 원밖에 가진 게 없다는 한 청년의 선교비를 채우느라 가족 여행까지 포기했던 우리 아닌가? 주는 입장에서 받는 입장이 될 때 가장 큰 문제는 자존심이었다. 선교를 간 것까지는 그렇다치더라도, 왜 내가 후원을 요청(그때 느낌으로는 구걸)해야 하는가 하는 생각에 받아들이기 힘들었고, 남이 번 돈을 후원받아 산다는 것은 마치 발가벗겨져 유리 상자에 갇히는 듯한 느낌을 줬다. 그런 내게 하나님은 물으셨다.

"창선아, 그동안 네가 번 돈은 누구 것이냐?"

"제 돈……, 아니 하나님 것이요."

"그럼 네가 후원했던 돈은 누구 거지?"

"그것도 물론 하나님 것이지요."

"그럼, 네가 후원받을 돈은 누구 것일까?"

"……."

이미 자존심이 상할 대로 상해 있던 나는 정답을 알면서도 대답을 외면했었다. 하지만 이후의 과정들을 거치면서 모든 것이 하나님의 것이라는 자명한 진리를 구체적이고 현실적으로 받아들이게 되었다.

"주신 이도 여호와시요 거두신 이도 여호와시오니 여호와의 이름이 찬송을 받으실지니이다"(욥 1:21).

이때 나는 그런 과정을 받아들이면서 선교 사역에서의 동역이 무엇인지 하나하나 배우게 되었다. 선교는 파송, 재정 후원, 기도를 담당하는 보내는 사역자와 선교지로 직접 가는 사역자가 함께 하는 것이었다. 보내는 사역자와 가는 사역자 모두의 마음 중심에서 '모든 것이 하나님의 것'이라는 실제적 고백이 흘러나올 때 진정한 동역이 이루어진다.

그렇게 내가 원하던 모습은 아니었지만, 나는 어느새 하나님이 계획하신 길로 몸을 낮추며 한 걸음씩 들어가고 있었다.

이슬람권 대학생들을 향한 소망

나는 선교사로 파송되기 전부터 선교에 대한 철학을 분명히 가지고 있었다. 내가 품고 있던 선교 대상과 전략을 정리하면 다음과 같다.

대상 : 이슬람권의 대학생들
전략 : 안정된 비즈니스 형태로 캠퍼스의 부흥을 꾀하는 것

대학교 때 참가한 선교한국에서 비즈니스 선교의 기초 개념을 들을 때부터 비즈니스 형태의 선교에 대한 소명은 일찌감치 품고 있었다. 하지만 비즈니스 선교는 나가는 선교가 아니라 보내는 선교라고 생각하고 있었다. 한 마디로 돈을 벌어 선교 사역을 돕는다는 일차적 개념을 지녔던 것이다.

대학교 때 품었던 선교의 방향은 두 가지였다.

첫째는 비즈니스 선교였다. 고등학교 때 문과를 선택한 이후로는 한 번도 경영학과 외에 다른 학과는 생각해 보지 않았고, 막연하게나마 비즈니스가 내게 주어진 소명이라는 생각을 했다.

이미 고등학교 때 하나님께 쓰임 받기 원했고, 헌신을 다짐했었다. 그래서인지 대학교 원서를 쓰기 일주일 전 신학의 길로 가야 하는 것이 아닌가 하는 생각이 들었고, 일주일 동안 작정하고 기도를 하게 되었다. 작정 기도 마지막 날 하나님께서는 "주가 쓰시겠다"는 말씀을 주셨다.

> "만일 누가 너희에게 왜 이렇게 하느냐 묻거든 주가 쓰시겠다 하라 그리하면 즉시 이리로 보내리라 하시니"(막 11:3).

그때 하나님께서 내게 베드로에게 주셨던 "내 양을 먹이라"(요 21:17), 혹은 사도 바울에게 주셨던 "이방인의 사도"(롬 11:13)에 관한 말씀을 주셨다면 나는 신학의 길을 택했을지도 모른다. 하지만 나에게 주어진 말씀은 '나귀의 주인'에게 전하신 말씀이었다. 나는 나귀, 즉 생산수단을 소유한 사람이 되고, 그 나귀를 예수님의 예루살렘 입성을 위해 쓰시도록 드리는 사람이 되어야만 했다.

그때는 어려서 이 말씀의 깊이를 다 깨닫지 못했다. 그저 단순하게 '내가 나귀처럼 낮은 자라도 하나님이 써 주시겠구나' 하는 고백을 했을 뿐이다. 나는 멋진 백마라든지 장성한 나귀가 아닌, 아직은 보호받아야 할 새끼 나귀였던 것이다. 지금의 내 상황에서 보면 이 말씀이 더욱 큰 은혜가 된다. 나의 사역은 아직 연약하고, 돌봄이 필요한 연약한 새끼 나귀와도 같다. 그런데 예수님은 바로 그 보잘것없는 나귀를 필요로 하신다는 의미이기 때문이다.

둘째는 찬양 선교였다. 나는 고등학교 시절 작곡을 시작했는데, 대학 때 제4회 CBS 복음성가 경연 대회에 곡을 출품한 것이 본격적인 찬양 선교의 계기가 되었다. 이때 내가 만든 노래를 부른 교회 누나가 대상을 탔고, 나는 작곡상을 타면서 찬양 선교의 가능성을 구체화하게 되었다. 아르바이트와 ROTC를 오가며 힘든 대학 생활을 하고 있던 내게 작곡상으로 주어진 상금과 부상이 유혹의 손짓을 보냈다.

'내 자작곡들을 복음성가 가수들에게 주어 음반을 내거나 상을 타면 생활에 도움이 되겠구나.'

한 번쯤 해보지 못할 생각은 아니었지만, 그런 생각이 드는 순간 노래로 하나님과 사랑을 나누던 그 순수성이 오염되는 느낌을 받았다. 나는 그날 저녁, 그때까지 만든 모든 노래가 담긴 작업물들을 공터로 가져가 불에 태우고 재를 모아 병에 담았다. 그리고 그 노래들은 하나님과 나만의 비밀이자 사랑의 추억으로 간직하기로 했다.

그때 상을 받았던 노래 속의 주인공 마리아만큼이나 나도 주님을 향한 순수한 사랑을 가지고 있었던 것 같다.

내게 귀한 것 무엇 있나 내게 소중한 것 무엇 있나
그 누구에게도 줄 수 없는 그것이 내게는 무엇
내게 귀한 것 바로 그것 내게 소중한 것 바로 그것
그 누구에게도 줄 수 없는 그것을 주님 드리리
내게 있는 향유 옥합 깨뜨려 주님 발 위에 붓고
내게 있는 긴 머리카락으로 귀한 주님 발을 닦아 드리리
남들이 뭐라 해도 좋아 내 모습 이대로 주님 사랑하여 주시니
내 귀한 것 잃어도 좋아 가장 귀한 분 오직 주님뿐이야

- 「가장 귀한 분」 중에서

* QR코드로 찬양을 직접 감상해 보세요.

나는 몇 개월 공백기를 가진 뒤에 다시 작곡을 하게 되었다. 이전의 곡들 중에 기도하며 되살린 곡들도 있었다. 이듬해인 1994년에는 새로 만든 곡으로 제13회 극동방송 창작 복음성가 대회에 출전했는데, 지금의 아내와 함께 듀엣으로 출전한 이 대회에서 작곡상, 작사상, 동상이라는 기대 이상의 성과를 얻게 되었다. 이를 계기로 공연, 방송 출연, 방송 진행을 하게 되었고, 대학 졸업 후 군대에서는 방송 선교를 꿈꿨었다. 하지만 경영학을 전공하면서 꿈꿨던 비즈니스 선교에 대한 마음이 점점 크게 다가왔고, 이랜드에 입사하면서 찬양이나 방송 선교와는 차츰 멀어지기 시작했다.

이슬람권에 대한 소명은 하나님의 오랜 계획 가운데 조금씩 싹텄던 것 같다. 나는 일찌감치 이슬람이라는 종교에 대해 알고 있었다. 아버지는 내가 초등학교 1학년 때부터 중동 지역에서 7년간 일하셨다. 1년에 한 번 아버지가 가져오시는 사진에는 아라비아 사막의 풍경이 담겨져 있었다. 현장감독으로 선글라스를 쓰고 지프차에 탄 아버지의 모습 뒤로 사막의 열풍과 뜨거운 햇볕이 느껴졌다. 관광 엽서에는 터번을 두른 사람, 낙타, 천막 등이 있었다. 석유를 이용해 돈을 벌어 개발한 도시와 고속도로, 그리고 웅장한 모스크의 모습도 기억 속에 남아 있다.

어린 시절을 함께 보내지 못한 아버지는 내가 군 복무를 하는 중에 돌아가셨기 때문에 남들만큼 아버지의 깊은 정을 알지 못했던 것 같다. 30대 후반, 연세대에서 MBA를 하는 동안 두바이에 산업 연수를 갈 기회가 있었다. 화려한 두바이의 도심을 벗어나 사막 지역으로 사파리 투어를 갔을 때, 지프차의 문을 열고 사막에 발을 디딘 그 순간을 잊을 수 없다. 그것은 아버지의 느낌이었다. 이런 숨 막히는 더위와 싸우고, 발목을 붙드는 사막을 걸으며 가족을 위해 일했을 아버지에 대한 그리움이었다.

1999년에 결혼한 이후 시작된 단기 선교는 인도 한 번을 빼고는 모두 이슬람권으로 갔다. 터키 두 번, 말레이시아 다섯 번이었다. 아프가니스탄에서 일어난 충격적인 샘물교회 순교 사건이 있었던 해를 제외하고는 매년 이슬람 땅을 밟았다. 우리는 선교에 나설 때마다 대학 캠퍼스에 가서 기도하곤 했다. 그 땅의 다음 세대에 대한 간절함을 담아 하나님께 간구했다. 그 땅을 밟을 때마다 스쳐 가는 대학생들의 이미지를 눈동자에 오래도록 담아 놓기 위해 애썼다. 하나님이 사랑하시는 그 젊은 영혼들은 나에게도 애틋한 사랑이었다.

미각 잃은 장금이가 카페를 한다고?

다시 말레이시아 파송 초기로 돌아간다. 나는 말레이시아에서 1년간 현지 조사를 하고, 교회로부터 파송을 받은 후 소명을 구체화하기 시작했다. 인생의 퍼즐 조각들을 맞추며 하나님이 원하시는 큰 그림을 보기 위해 애쓴 시간이었다.

'비즈니스 선교, 캠퍼스, 젊은이, 컨설팅, 이슬람 국가……, 주얼리?'

앞서 언급한 것처럼 나는 주얼리와 컨설팅을 아이템으로 한 비즈니스 선교를 꿈꿨었다. 한국에서 아내가 세운 주식회사 크리스탈타워는 주얼리 사업의 이윤으로 창의적 접근을 해야 하는 지역에 선교를 하기 위해 만든 회사였다. 아내는 경영학을 전공하고 이랜드에 입사해 로이드라는 주얼리 브랜드에 근무했었다. 이후 GIA라는 보석 학교에서 보석을 다시 배우고 제이에스티나라는 주얼리 브랜드의 컨설팅에도 함께 했었다.

크리스탈타워가 안정적으로 운영이 되면 말레이시아를 포함한 이슬람권에 지사를 세우고 싶었다. 지사에 직원들을 파송해 선교사님을 도우며 함께 선교를 해나가는 그림이었다. 선교에 대한 열정이 있었지만, '주님, 제가 여기 있사오니' 하는 생각보다는 '주님, 쟤가 저기 있사오니 쟤를 보내소서(?)' 하는 마음도 솔직히 있었다. 나는 본부 개념으로 한국에 남고, 지사에는 선교에 헌신할 직원을 보내는 방식이었다. 실제로 2006-2007년 사이 3명의 직원이 6개월씩 말레이시아에 단기로 파견되었다. 기도와 리서치로 지사를 준비하는 과정이었다.

하지만 내가 직접 한국의 회사를 정리하고 말레이시아로 들어온 지 1년, 교회의 파송까지 받은 상태에서는 마음이 조급했다. 이제 무엇을 해야 한단 말인가!

당시 다스에 거주하던 선교사님 중 두 분이 대학가에 카페를 열어 캠퍼스 선교를 하는 것이 꿈이라 하셨다. 나는 컨설턴트의 본능이 꿈틀거림을 느끼며 그분들을 돕기 시작했다. 그때는 사업 경험이 없는 선교사님들을 돕는 방향으로 하나님께서 나를 사용하신다고 생각했다. 시장조사를 하고, STP(Segmentation: 시장세분화, Targeting: 타깃 시장 설정, Positioning: 포지셔닝)를 통해 카페의 방향을 제시했다. 브랜드의 아이덴티티를 만들어 가는 일은 내게 가장 반가운 분야였다.

그런데 카페의 모습이 점점 구체화되자 막상 카페를 하시겠다던 선교사님들이 뒤로 빠지기 시작했다. 그런 과정에서 하나님은 나의 오기를 자극해 직접 카페를 시작하도록 길을 열어 가셨다. 하지만 몇 가지 넘어야 할 장벽이 있었다.

첫째 장벽은 '나'였다. 컨설턴트로 일할 때 딱 한 번 외식 브랜드를 맡은 적이 있었다. 이를 위해 뉴욕에 가서 시장조사를 했는데, 하루에 여섯 끼 이상을 먹어야 하는 강행군이었다. 그 당시 내 별명은 '장금이'였다. 드라마 「대장금」이 방영되던 시기였는데, 그즈음 이 드라마의 주인공 장금이가 미각을 잃어버린 상태였다. 평소에 어떤 음식을 먹어도 "맛있다"는 말을 잘하던 내게 붙여진 별명이 (미각을 잃어버린) '장금이'였던 것이다. 실제로 먹는 것은 나에게 가장 관심이 없는 분야 중 하나였다. '무엇을 먹을까, 무엇을 마실까' 하는 것이 나에게는 전혀 고민거리나 시험 거리가 아니었다. 그냥 아무거나 가리지 않고 잘 먹는 스타일이었고, 먹는 것보다 일하는 것이 재미있어 김밥을 사다 먹으면서 일하는 경우도 많았다.

그런 내가 카페를 한다니……. 실제 말레이시아의 카페는 음식과 커피를 함께 파는 것이 일반적인데, 음식의 비중이 조금 더 높다. 실제로 기획하던 카페도 텔레비전에서 보던 한국을 다각도로 경험할 수 있는 공간으로 기획되고 있었다. 한국 음식이 없이는 불가능한 '한류 문화 카페'였던 것이다.

  아내가 주방을 맡아 보겠다고 했지만 무리였다. 주방은 맛에 대한 민감함만큼이나 체력이 중요하기 때문이다. 말레이시아의 더위 속에서는 일상생활만을 하는 데도 체력이 뚝뚝 떨어지는데, 40도 이상 올라가는 주방에서 무거운 조리 도구들을 다루는 것은 상상 이상으로 힘이 드는 일이다. 결국 미각을 잃은 장금이가 미각을 되찾는 도전을 하기로 했다. 그리고 손재주가 많은 아내는 바리스타가 되어 홀에서 음료를 담당하기로 했다.

  둘째 장벽은 자본금이었다. 1년간 정착 비용으로 모아 둔 돈을 썼고, 파송 후 약간의 후원이 있었지만 모아 둔 돈을 계속 쓸 수밖에 없는 상태였다. 막상 카페를 준비하려 하니 한 달치 생활비밖에 수중에 남은 돈이 없었다. 그러나 구체적인 내용은 일일이 언급하기 어렵지만 드라마틱한 과정을 통해 준비 비용이 채워져 나갔다.

  셋째 장벽은 사업 계획이었다. 일반적으로 사업을 계획할 때는 4P, 즉 상품(Product), 유통(Place), 가격(Price), 판촉(Promotion)의 네 요소에 의해 설계를 하는데, 이 중 유통과 가격이 문제였다.

  내가 생각하는 BAM은 사업의 대상과 사역의 대상이 일치하는 것이다. 대학생과 캠퍼스를 타깃으로 하다 보니 한국과 말레이시아의 실정이 많이 달랐다. 우선 말레이시아 대학생들은 주머니가 가볍다. 학생들이 사용하는 자취방의 한 달 임대비가 보통 10만 원 미만, 학교 안에서 해결하는 한 끼 식사에 천 원 정도가 든다.

  학생들의 주머니 사정에 맞추어 가격을 최대한 낮추었지만 4천 원 정도의 가격이 책정되었다. 다스에 있는 다른 한국 식당의 반값 정도가 된 것이다. 이런 실정이다 보니 카페 입장에서는 박리다매의 형태가 되어야 하는데, 여전히 학생들에게는 자주 찾아오기가 쉽지 않은 가격이 되고 만 것이다.

수요도 많지 않은 데다 낮은 가격을 책정해야 하니 수익성이 좋지 않을 것이 예상되는데 카페를 낼 것이냐는 것이 사업 계획상의 문제였다. 과거 컨설턴트였을 때라면 당연히 "No"라고 해야 하는 상황이었다. 대안은 대학가가 아닌 곳으로 가는 것인데, 이는 사역의 목적을 외면하는 것이었다.

결국 전직 컨설턴트이자 '미각을 잃은 장금이'가 자본금도 없이 수익성 없는 사업에 도전하는 모양새가 됐다. 무계획을 넘어 무식한(?) 도전이 시작된 것이다.

마 셰프의 창조선교 특강 2

/선교의 패러다임이
바뀌고 있습니다/

Business As Mission은 무엇인가

'Business As Mission'(비즈니스 선교)은 그 이니셜 'BAM'의 발음이 특이한데, '밤'이라고 읽을 경우 서양인들은 폭탄(Bomb)으로 알아듣습니다. 서양 사람들이 많은 테러 사건으로 폭탄에 대한 노이로제에 걸려 있기 때문에 '뱀'으로 읽지요. 'BAMer'(배머)라고 하면 비즈니스 선교사를 뜻합니다.

비즈니스를 통한 선교, 비즈니스 현장에서의 선교를 통칭하는 개념인 BAM은 경제적 삶의 터전인 비즈니스를 선교의 도구로 사용하자는 것입니다. 이 개념은 복음에 대해 문이 닫히고 있는 창의적 접근 지역(Creative Access Nations, CAN), 즉 쉽게 가서 복음을 전할 수 없는 나라들이 많아지면서 땅끝까지 가는 마지막 선교 과업을 이룰 가장 합리적인 전략으로 주목받고 있습니다. 비즈니스를 통해 선교지의 사역자를 지원하는 것을 넘어, 비즈니스 자체가 그 사회에 복음적 영향력(Kingdom Impact)을 미치는 선교가 될 수 있도록 하는 것이 BAM입니다.

비즈니스 선교, 이제 선택이 아닌 필수

지금은 비즈니스 선교가 대두될 수밖에 없는 환경 속에 있습니다.

그 이유는 첫째, 선교지의 환경 때문입니다. 전 세계에 복음이 닿지 못한 나라 중 공식적으로 30여 개국, 비공식적으로 60여 개국이 기독교 선교사의 입국을 금지하고 있습니다. 적극적인 핍박이나 추방 조치가 이루어지는 곳도 꽤 많습니다. 중국만 해도 최근에 300여 명의 한국 선교사가 추방당하거나 재입국을 거부당했다고 알려져 있습니다. 중동 지역에서 벌어지는 서방 세계와의 크고 작은 전쟁으로 이슬람교와의 종교적 갈등도 더욱 첨예해지고 있습니다. 제국주의와 짝을 이루어 진행되었던 근대 선교의 후유증도 남아 있습니다. 반면에 비즈니스의 진입 장벽은 전 세계적으로 무너졌습니다. 사업을 위한 입국은 거의 모든 나라에서 허용하고 있는 것입니다.

둘째, 선교국의 환경 때문입니다. 대한민국의 기독교는 성장기를 이미 넘어섰습니다. 성도들의 연령도 급격히 고령화되는 추세입니다. 사회적으로 은퇴한 성도가 늘어나면 헌금도 줄어들기 마련입니다. 즉 선교사 파송을 지속적으로 진행하고 관리할 경제적 동력이 줄어든다는 것입니다. 선교비가 정체되거나 줄어드는 상황에서 언제가 될지 모르는 북한의 개방은 선교 후원 환경의 급격한 변화를 예고하는 큰 변수 중 하나가 될 전망입니다. 한국 교회는 통일 비용이나 북한 선교에 책임과 우선순위가 있기 때문이지요. 따라서 선교사들이 선교비의 일정 부분을 자비량으로 감당해야 할 필요가 늘어나고 있는 것입니다.

셋째, 선교 인적자원의 변화 때문입니다. 지금까지는 30대부터 40대 초반의 목회자 출신 선교 지원자가 가장 많았습니다. 하지만 지금은 닫혀 버린 선교지의 현실을 고려할 때 선교의 인적자원에 있어서 변화가 필요한 시점입니다. 합법적으로 비즈니스 비자나 학생 비자, 혹은 교수 비자 등을 취득할 수 있는 전문인 선교사가 요구됩니다. 전문인 선교사로 동원될 수 있는 큰 인적자원에는 두 그룹이 있는데, 청년층과 은퇴 이후의 실버 세대입니다.

20대는 청년 실업률의 상승으로 인해 재정적인 문제만 어느 정도 해결할 수 있다면 동원 가능성이 높은 편입니다. 은퇴 시기가 빨라지면서 어느 정도 자산을 모은 초기 실버 세대도 동원 가능성이 높은 그룹입니다. 자녀의 대학 진학 이후 홀가분한 마음으로 청년 때의 헌신을 기억하며 재헌신하는 경우가 늘어나는 추세입니다.

마지막으로, BAM 환경의 변화를 꼽을 수 있겠습니다. 지금은 캠퍼스 선교, 평신도 제자 훈련, 일터 사역 등으로 이어진 '일상의 영성'에 대한 기초가 마련되었습니다. BAM에 대한 신학적, 이론적 정리도 잘 진행된 상태입니다. 더 이상 용어의 문제나 개념의 혼란 때문에 BAM의 실행이 막힐 일은 없을 것입니다. 이제 정리된 BAM의 개념과 필요성을 한국 교회에 확산시키는 것이 숙제라고 하겠습니다.

수년 전부터 BAM 운동을 확산시키기 위한 많은 모임이 콘퍼런스와 학교의 형태로 생겨나고 있습니다. 선견지명이 있는 교회에서는 이미 자체적으로 BAM 훈련을 해나가고 있습니다. 하지만 BAM 전문가들은 환경의 변화에 떠밀려 BAM에 편승하지 말 것을 당부하고 있습니다. 본인의 정확한 소명 없이 BAM에 뛰어들 경우 실패 확률이 높고, 실패할 경우 일반적 선교보다 더 많은 부정적 결과를 낳기 때문입니다.

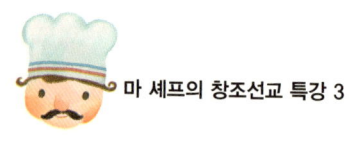 마 셰프의 창조선교 특강 3

/브랜드로 선교한다는 말, 들어 보셨나요?/

복음의 가치와 비교할 수 없겠지만, 세상에는 땅끝까지 다다른 많은 것들이 있습니다. 인간적으로 보암직하고 먹음직한 것들이 땅끝을 향해 뻗어갑니다. 120년 만에 코카콜라는 북한과 쿠바를 뺀 모든 나라에 진출해 있습니다. 복음이 거부되고 있는 많은 선교지에서도 맥도날, 스타벅스, KFC, 심지어 롯데리아를 쉽게 찾아볼 수 있습니다. 이것들을 우리는 브랜드라고 합니다.

저는 여기서 또 다른 BAM을 이야기해 보려고 합니다. 또 다른 BAM, Brand As Mission(브랜드를 통한 선교)입니다. 이는 이전에 없던 새로운 개념입니다. 아마 공식적으로는 이 책을 통해 처음 다루어지는 내용일 것입니다. 선교로서의 브랜드, 이 개념을 설명하기 위해 다른 몇 가지 용어를 함께 설명하고자 합니다.

코즈 마케팅과 코즈 브랜드

1. 코즈 마케팅(Cause Marketing)

코즈(Cause)는 '원인, 이유, 명분, 목적' 등을 뜻하며 기업이나 브랜드의 '존재 이유와 자기다움(정체성)'을 나타내는 말입니다. 코즈 마케팅은 수익 창출이라는 경제적 목적 이외에 기업의 존재 이유와 의미를 추구하기 위해 이루어지는 마케팅이지요. 기업이 소외 계층에게 이윤을 환원하는 획기적인 기부 시스템을 개발해 사회적 동의와 지지를 이끌어 내는 경우입니다. 성공적인 코즈 마케팅은 경제적 가치 창출뿐 아니라 사회적 기업으로서의 역할까지 가능케 합니다.

2. 코즈 브랜드(Cause Brand)

말 그대로 목적이 있는 브랜드입니다. 브랜드는 현대 사회에서 가장 강력한 메시지를 함축한 단어 중 하나이고, 현대인의 라이프 스타일을 결정짓는 문화 요소입니다. 브랜드는 한 사람의 삶에 영향을 미칩니다. 또한 브랜드는 지리적 전파력도 매우 강합니다. 이런 특성을 지닌 브랜드를 선교 목적으로 개발하고 사용하는 것이 브랜드를 통한 선교입니다. 브랜드가 궁극적인 목적인 미션(선교)을 지향할 때 다음의 3단계로 발전할 수 있습니다.

Brand As Mission의 3단계

1. Brand As Motivation(동기부여로서의 브랜드)

이 단계에서는 선교지에 새로운 메시지를 전달하거나 동기부여를 할 수 있습니다. 감성적 자극과 이성적 설득을 통해 성경적 가치를 전할 수도 있지요. 이 단계에서 직접적인 복음과 십자가를 제시하지는 못하더라도 성경적 가치인 사랑, 정의, 은혜, 인내 등을 전파함으로써 그 사회에 선한 영향력을 미칠 수 있는 것입니다.

2. Brand As Movement(무브먼트로서의 브랜드)

성경적 가치는 말보다는 실천이 될 때 비로소 세상의 빛과 소금이 됩니다. 브랜드는 해당 선교 지역에 '성경적 무브먼트'를 일으킬 수 있는 가능성을 지니고 있습니다. 가난한 사람을 돕고, 싱글맘이나 고아들의 자립 기반을 만들어 줄 수도 있겠지요. 또한 공정하고 정직한 경영을 통해 사회정의를 실현할 수 있을 것입니다. 이런 과정을 통해 기독교의 이미지가 긍정적으로 받아들여지면 성경적 가치를 바탕으로 한 선한 운동이 일어날 수 있습니다.

3. Brand As Mission(선교로서의 브랜드)

1, 2단계의 동기부여와 무브먼트의 충분한 역할을 수행했을 때 분명 하나님 나라를 전할 수 있는 결정적인 문이 열립니다. 복음은 능력이 있기 때문에 내가 말로 전할 수 없는 상황이라도, 복음에 순종하며 살아가는 모습을 보여주기만 해도 사람들이 하나님을 의식할 수 있습니다.

"(하나님 외에) 이같이 사람을 구원할 다른 신이 없음이니라"(단 3:29).

다니엘과 세 친구의 하나님에 대한 태도와 하나님의 역사를 보고, 느부갓네살 왕이 했던 고백입니다. 이런 고백이 우리를 통해 선교지의 불신자들에게서 나올 수 있습니다. 그렇게 된다면 그들이 복음을 받아들일 준비는 충분해지는 것입니다.

물론 때를 얻든지 못 얻든지 직접 복음을 전해야 합니다. 하지만 많은 선교지가 자유롭게 복음 전파를 할 수 없는 상황입니다. 이런 때는 비즈니스와 브랜드가 메신저가 되어서 복음이 무엇인지, 기독교의 가치가 무엇인지 보여줄 수 있어야 합니다. 이것이 바로 창의적 접근 지역에서 이루어지는 '브랜드를 통한 선교'의 핵심 전략이라고 할 수 있습니다.

내 백성이 다리로 건너오네 이곳은 예배하는 땅

내 백성이 다리로 건너오네 이곳은 자유하는 땅

죽음의 땅에서 생명의 땅으로

심판의 땅에서 언약의 땅으로

저주의 땅에서 축복의 땅으로 오라 오라 오라

……

- 「다리」 중에서

PART 3
하나님께 닿을
다리를 꿈꾸며

하나님의
셰프

성경 속 하나님이 만드신 다리?

● 카페를 준비하며 '다리(bridge)'라는 모티브를 브랜드 이름으로 점찍어 두고 있었다. 한류 문화 카페, 한국과 말레이시아를 잇는 다리가 되길 원했기 때문이다. 궁극적으로는 하늘나라와 말레이시아를 잇는 다리가 되어야 했다. 이것은 내게 또 하나의 BAM, 즉 Bridge As Mission(선교로서의 다리)으로 다가왔다.

다리(Dari)라는 음가를 지닌 말레이어는 영어의 From(-으로부터)에 해당하는 전치사이다. 우리는 From 한국, From 천국이 되어야 했다. 이 모티브를 떠올리고 묵상하던 어느 날 새벽, 두근거리는 마음으로 잠에서 깨어났다.

"성경에 내가 지은 다리가 있다."

또렷한 마음속의 음성이 나를 흔들었다. 성경 퀴즈를 풀듯이 아는 구절들을 머릿속으로 뒤져 가며 '성경 속 다리'를 검색해 갔다. 야곱의 사닥다리? 다리……, 다리……. 폭풍 전야의 고요함이 잠시 스쳐 간 후

머릿속에는 급하고 강한 바람과 큰 파도의 이미지가 몰려왔다. 영화 『이집트 왕자』의 홍해가 갈라지는 장면 같았다. 잠시 후 마음 가운데 천둥치는 속삭임이 있었다.

"이것이 내가 만든 다리다. 내가 만든 다리는 너희의 다리와 다르다."

이집트를 탈출한 이스라엘 백성들이 이 다리를 건너 가나안을 향해 출발했듯이, 수많은 잃어버린 백성들이 '다리'를 건너 하나님의 나라로 갈 것을 꿈꾸게 하셨다.

> 내 백성이 다리로 건너오네 이곳은 예배하는 땅
> 내 백성이 다리로 건너오네 이곳은 자유하는 땅
> 죽음의 땅에서 생명의 땅으로
> 심판의 땅에서 언약의 땅으로
> 저주의 땅에서 축복의 땅으로 오라 오라 오라
> 너는 예배하라 내가 구원을 베풀리라
> 너는 믿음을 보이라 내가 기적을 보이리라
> 다리를 건너 내게 오라 내게 오라
> 깊은 물을 갈라 내가 만든 기적을 건너라
> 너희의 길이 끊기는 그 곳 나의 다리가 시작되리라
>
> -「다리」

* QR코드로 찬양을 직접 감상해 보세요.

본격적으로 카페를 준비하면서 홍해를 가르는 듯한 일들을 자주 경험했다. 우리는 대학의 주변 상권을 조사하고 카페를 꾸밀 터를 찾기 시작했다. 자금이 없어서 주택을 임대해 개조할 생각도 해보았다. 하지만 세 번의 시도가 모두 막혀 계약이 이루어지지 않았다. 답답한 마음에 다시 대학교 주변을 맴도는데, 새로운 상가가 눈에 들어왔다. 사실 그 상가는 지은 지 얼마 되지 않은 것이었는데, 임대료가 비쌀 거라는 막연한 생각에 알아볼 생각도 안 하고 있었다.

그곳에 비어 있는 매장이 딱 하나 있었는데, 매장 한 곳의 임대료로 1, 2층을 모두 사용할 수 있다고 했다. 새로 지은 상가라 비싸겠다 싶었지만 역시 대학가 근처라 상권이 좋지 않은 탓에 의외로 저렴한 가격이 책정돼 있는 것 같았다. 그 당시 살고 있던 아파트를 빼서 매장 2층으로 이사를 한다면 약간의 비용만 보태면 임대할 수 있는 수준이었다. 하지만 개발 회사와 직접 계약해야 하는 조건이라 초기 임대 보증금이 꽤 많이 필요했다. 한 달분의 생활비로는 감당하기 어려운 금액이었다.

그곳 다스에 나와 비슷한 시기에 정착한 임오랑이라는 절친한 선교사님이 있었다. 원주민 언어로 성경 번역을 하기 위해 삶을 헌신한 분이었다. 아내와 임 선교사님 부부가 동갑이었고, 그 집 큰딸과 우리 큰딸이, 그 집 셋째 아들과 우리 막내아들이 동갑내기 단짝 친구였다. 임 선교사님 부부가 기도하며 100만 원을 마중물로 헌금해 주었다. 이 마중물을 기점으로 단기 선교 팀의 선교 헌금, 쿠알라룸푸르에서 사업하는 분의 헌금 등으로 재정이 계속 채워져 갔다.

매장에 필요한 집기도 속속 마련되었다. 커피 머신은 싱가포르에서 구입했다. 싱가포르에 비자 연장을 위해 갔다가 우연히 1년간 주인을 찾지 못해 묵혀 있던 에스프레소 머신 찾게 된 것이다. 새 상품의 3분의 1 가격으로 구입해 차에 싣고 돌아왔다. 그릇은 태국에서 구입했다. 아이들 방학을 맞아 태국에 갔다가 우연히 길거리 넓은 공터에 쌓아 놓은 그릇을 발견했다. 고급 브랜드의 B품 그릇들이었다. 정가의 10분의 1 가격에 사서 가득 싣고 돌아왔다.

더욱 놀라운 일은 매장을 계약하는 날 벌어졌다. 건물주인 개발 회사의 계약 담당자의 안내에 따라 계약서에 서명을 했다. 계약 담당자는 우리 부부를 바라보며 물었다.

"카페에 쓸 가구와 주방용품은 벌써 사셨나요?"

"아직 아무것도 준비되지 않았어요. 아, 커피 머신은 샀습니다."

"제 남편이 이번에 레스토랑을 폐업하는데, 쓸 만한 것이 있나 한번 가 보시겠어요?"

"네……, 그럴까요?"

반신반의하며 약속을 잡고 도착한 레스토랑은 타이 스팀보트(수끼) 식당이었다. 테이블마다 중간에 큰 구멍이 나 있고, 그 속에 스토브가 장착돼 있었다. 짙은 나무색 도장이 된 가구들. 첫인상은 우리가 생각하던 카페의 이미지와 너무 차이가 났다. 그래도 혹시 살 만한 것이 있을지 꼼꼼히 살펴보았다. 그때 우리와 동행한 목사님이 불쑥 주인에게 물었다.

"여기 있는 거 다 팔 건가요? 컵 하나까지 전부 다 사면 얼마에 주실 수 있나요?"

갑작스러운 질문에 주인은 다소 당황하며 금액을 산출했는데, 생각보다 무척 낮은 금액을 제시했다. 덕분에 우리는 매장 전체를 채우고도 남을 집기와 주방용품, 그리고 카페 1, 2층에 설치할 수 있는 에어컨까지 얻었다. 스팀보트가 샤브샤브처럼 끓이면서 먹는 음식이기 때문에 보통 식당의 두 배 정도 되는 에어컨이 있었던 것이다.

그곳 주인은 식당이 문을 닫고 집기를 가져갈 수 있는 날을 알려 주었는데, 놀랍게도 그날은 바로 우리가 계약한 매장의 열쇠를 받는 날이었다. 우연으로 포장된 치밀한 하나님의 계획 가운데 우리는 하루하루 발걸음을 내딛고 있었다. 이렇게 하나님은 바쁘게 일하셨다.

타일을 구하기 위해 국경을 넘어 태국에 당일치기로 다녀오던 날이었다. 전에 그릇을 잔뜩 사던 날, 매장에 인테리어로 사용하면 좋을 타일을 사 왔었다. 그런데 중고로 산 테이블을 다시 도색하고, 구멍을 메우고, 상판에 타일 작업을 하려 하니 생각보다 타일이 부족했다. 다스에서 알아보니 같은 것이 없고 가격도 두 배가 넘었다. 지난번 타일을 산 곳은 차로 16시간 이상 가야 해서 태국 국경의 주변 도시에서 찾아보기로 했다.

도시 초입에 있는 타일 매장 세 곳을 훑어보았지만 같은 타일은 없었다. 그래서 도심으로 좀 더 들어가 보려고 차를 운전하는데, 수많은 경찰들이 나와서 길을 막고 한 방향으로만 차를 진행시키는 것이 아닌가. 많은 교차로가 있었지만 한 방향으로만 갈 수 있었다. 아마 그 지역의 왕이나 고위 인사가 이동하기 위해 도로 통제를 하는 것 같았다. 결국 돌아보려 했던 곳을 지나 길을 터 주는 방향으로만 이동했고, 그나마 우리가 지나온 후에는 우리 뒤쪽도 막고 있는 모습이 보였다. 퇴로까지 차단되며 오로지 인도되는 길로만 갈 수밖에 없었다. 마치 2008년 12월, 퇴로가 차단된 상태로 한 길만을 내주신 하나님의 인도가 기억났다. 우리는 "하나님께 낚였다(?)"는 농담으로 그 일을 얘기하곤 한다.

아무튼 그 길은 마지막 교차로에서 직진을 해야 도시를 벗어나 어디론가 방향을 잡을 것 같았는데, 이번에는 또 좌회전 방향만 길을 터 주는 것이 아닌가. 그런데 그 길로 접어들어 수십 미터쯤 가다가 우연히 0.1초도 안 되는 순간에 무심코 왼쪽 골목을 보았는데, 아메리칸스탠다드(American Standard)라는 브랜드가 얼핏 눈에 들어왔다. 왠지 타일과 욕실용품 매장이 있을 것 같아 급히 차를 세우고 그 골목으로 들어가 보니 생각보다 큰 타일 매장이 있었다. 매장에는 그토록 찾아 헤맸던 바로 그 타일 브랜드의 커다란 사인보드가 거짓말처럼 눈앞에 펼쳐져 있었다. 거기가 그 브랜드의 남부 지역 총판 매장이었던 것이다.

도시 전체를 헤맸어도 찾을까 말까 한 그 매장에 경찰들의 안내(?)로 한 치의 오차도 없이 정확하게 인도되다니! 만일 10초만 우리 차가 뒤처져 있었어도 경찰들이 우리 앞길을 차단했을 것이고, 그 매장이 거기 있는지조차 알 수 없는 상태로 다른 곳을 누볐을 일이 아닌가. 반대로 1분만 일찍 왔다면, 아직 통제되지 않은 여러 교차로들 사이에서 갈 바를 알지 못했을 것이 분명하다.

드디어 다리 카페 오픈

우리는 매장을 만들어 가는 일에 비교적 경험이 많았다. 수많은 브랜드 매장을 기획해 보았고, 다양한 인테리어 회사와 함께 일한 경력 때문이었다. 이런 기본기에 특별한 인도하심이 더해져 카페는 제법 모습을 갖춰가고 있었다.

문제는 메뉴였다. 아내가 맡은 커피와 음료는 그런대로 준비가 되어갔지만 내가 맡은 음식 메뉴는 난감하기 짝이 없었다. 맛에 대한 감각도 문제였지만, 주방을 운영한다는 자체가 그간 해온 일들과는 전혀 다른 차원의 일이었다.

그때쯤 쿠알라룸푸르에서 헌금해 주었던 최미쉘 사장님의 골프장 식당이 쉬는 기간이 되었다. 마침 최 사장님이 그 식당 주방 팀을 두 달 정도 파견해 주겠다고 제안해 4명의 스태프가 와서 주방을 세팅해 주

● 하나님의 손길과 동역자들의 도움으로 다리 카페는 기적적으로 완성되어져 갔다.

고, 메뉴 개발을 도왔다. 비빔밥, 불고기, 치킨가스, 떡볶이……, 하나하나 메뉴를 만들어 보고 시식도 해 보았다.

어느덧 2010년 10월 10일, 카페 오픈일이 되었다. 이날은 주일이라 개업 예배와 식사 교제만 하고, 다음 날인 월요일에 매장을 열었다. 오픈 후 한 달 정도는 업계 전문용어(?)로 '오픈빨'이 있었다. 호기심을 갖고 많은 손님들이 찾아온 것이다. 반 정도는 한국 분들이었고, 나머지는 말레이시아 사람들이었다. 음식도 꽤 안정되고 맛도 찾아가는 것 같았다. 하지만 그 맛은 시한부였다. 한 달 후에는 나 혼자 주방을 꾸려가야 하는 처지였다.

오픈 후 한 달간 체계를 잡아야 할 일도 많았고, 손님들도 한 분 한 분 인사로 맞이해야 했다. 틈나는 대로 조리 과정을 사진으로 찍어 두었다. 밤에 집으로 돌아와서는 사진과 함께 레시피를 정리하고 외웠다. 시간이 나면 외운 레시피로 요리를 한 가지씩 도전해 보기도 했다. 우리 대학 학생들 중 아르바이트생을 뽑아 일을 가르쳤다. 새벽에는 장을 보러 다니고, 요리를 배우고 연습하면서 주방을 개척해 나갔다.

아직은 많지 않았지만 대학생 고객이 조금씩 늘어 가는 것은 큰 기쁨이었다. 아직 복음을 전할 엄두도 못 내고 있었지만 학생들과 일차적인 관계를 맺을 수 있는 공간으로 카페는 훌륭한 역할을 했다.

많은 것을 배운 한 달이 지나고 최 사장님 식당의 주방 팀이 쿠알라룸푸르로 돌아갔다. 머리로는 혼자서도 주방을 맡아 해낼 수 있을 것 같았는데, 전체를 맡고 보니 허둥지둥하게 되었다. 주문이 몇 테이블만 동시에 들어와도 머리가 하얘지면서 온몸이 마비되는 것만 같았다. 마음이 급하니 몸도 컨트롤이 안 되고, 손을 베거나 불에 데는 일도 부지 기수였다. 가장 위험한 것은 채칼과 기름이었다. 채칼에 베인 상처는 피부에 패턴자국과 같은 상처를 남기는데, 계속 음식을 하고 손에 물을 묻혀야 하니 약도 바를 수가 없다. 6개월 이상 손에 상처가 없는 날이 없었던 것 같다.

지금은 눈 감고도 하는 칼질이지만 그때는 또각또각 소꿉놀이하듯 했다. 칼질뿐 아니라 국물이 졸아 짜게 되거나 너무 흥건해져 간이 싱 거워지는 등 서툰 일도 많았다. 주방에서 일하면서는 다른 것을 생각할 여유가 없을 정도였지만, 아무리 집중해도 계속 실수가 나왔다. 그때는 하루에 12시간 이상을 그 좁은 주방에서 일에 몰두했다.

아네스의 옛사람이 죽다

어느덧 2011년이 되었다. 주방에서의 일은 여전했지만 새로운 변화 도 있었다. 말레이시아 청년 아네스가 카페에서 일하게 된 것이다. 그 녀는 기독교를 받아들일 수 없는 신분을 갖고 있었다. 그런데 여러 사 역자들의 도움으로 예수 그리스도를 구주와 주님으로 받아들이게 되 었다. 말레이시아에서 가장 좋은 대학에 다녔지만 이 문제로 대학도 다 마치지 못하게 되어 직장을 다녀야 하는 상황이었다.

"실장님, 저 여기서 일해도 돼요?"

"아……, 요리할 줄 알아?"

"네, 열 살 때부터 할머니가 부엌에서 요리를 가르쳐 주셨어요."

그렇게 채용된 아네스의 실력은 기대 이상이었다. 양파를 써는데, 내 칼질의 5배속이었다. 그녀의 부모는 아네스를 낳고 바로 이혼했다. 엄마 얼굴도 전혀 모른다고 했다. 아빠는 말레이시아 남쪽 끝에 있는 한 대학의 교수인데, 재혼을 하고 일부러 고향을 멀리 떠났다. 그로 인해 그녀는 어릴 적부터 할머니 손에서 자랐다. 할머니는 음식을 만들어 팔곤 했는데 아네스도 그 일을 도왔다.

공부를 잘했던 아네스의 꿈은 저널리스트였다. 대학교에서 커뮤니케이션을 전공했던 아네스는 단기 선교를 온 서양 친구들을 통해 복음을 들었다. 그 후 하나님께서는 소셜네트워킹과 주변 사람들, 그리고 꿈을 통해 아네스가 예수님을 만날 수 있도록 도우셨다.

아네스가 우리 매장에 처음 온 것은 친구들과 함께 생일 축하를 하기 위해서였다. 젊은 친구들 30명 정도가 와서 우리 카페를 무척 마음에 들어 했다. 그래서 혹시 아르바이트할 사람이 없느냐고 물어 보았는데, 마침 아네스가 직장을 찾고 있었다. 아네스는 머물 곳도 함께 찾고 있었다. 얼마 후 6개월 동안 봉사하러 한국에서 올 조수진 자매와 방을 함께 쓰면 될 것 같아 우리와 함께 지내게 되었다.

2002년부터 6년간 단기 선교를 다니면서 이런 과정으로 하나님을 믿게 된 사람은 아네스가 처음이었다. 중국계와 인도계라면 어느 정도 가능한 일이었지만, 아네스는 원천적으로 종교를 바꿀 수 없는 처지였기 때문이다. 그래서 하나님이 우리 사역에 붙여 주신 더욱 귀한 사람으로 알고 아네스를 돌봐 주었다.

카페의 일은 고되고 지루했다. 오픈 기간이 지나가면서 매출도 좀 떨어지는 중이었다. 사실 음식의 질이 항상 고르지는 못했다. 내가 주방장을 맡고, 아네스와 아르바이트생들에게 음식을 가르치다 보니 그 맛이 들쭉날쭉할 때도 있었다. 나는 썩 잘 만들지는 못해도 각 메뉴의 맛을 알기 때문에 최대한 비슷하게 해보려 한다지만, 현지인 직원들은 기본적인 맛이 입력되어 있지 않아 어려움이 많아서 음식이 좀 이상하다는 손님들의 말을 종종 듣곤 했다.

그러던 중 부활절을 앞두고, 아네스가 세례를 받게 되었다. 후견인 역할을 해주던 서양인 선교사가 집례하기로 하고, 비밀리에 선별된 사람들만 참여하도록 했다. 날짜와 시간, 장소를 세 번씩이나 옮기며 마치 007작전처럼 세례식이 준비되었다. 자정이 넘은 시간, 어느 지역에 있는 바닷가로 모이라는 연락이 왔다. 우리는 아네스와 함께 바닷가로 갔고 감격적인 세례식에 참관할 수 있었다. 그 바다에서 아네스의 옛사람이 죽고, 예수님의 생명으로 새롭게 태어났다.

아네스는 3개월간 함께 살았고, 6개월을 함께 일했다. 아네스에게 다리 카페 2호점을 맡겨 독립시키려던 계획은 이루어지지 않았지만, 아네스는 지금 우리 동역자의 회사에서 열심히 일하고 있다. 장기적으로는 한국에서 트리니티신학교, Acts 등의 영어 과정으로 신학을 한 뒤에 자신처럼 불가능한 여건에서 하나님을 믿게 된 이들을 위해 사역과 집필을 하고 싶다는 꿈을 꾸고 있다. 이 또한 하나님의 사람들을 통한 후원과 도움으로 이루어지리라 믿는다.

주방에서
순교하는 그날까지

　복음을 위해 주방에 선 나는 세 가지 정도의 가능성을 염두에 두고 순교를 각오했다. 그런데 그 순교의 종류가 흔히 생각하는 현지 종교의 핍박이나 사고, 풍토병 등과는 조금 다르다.

　첫 번째 가능성은 과로사이다. 식당을 운영해 본 사람은 웬만해서 자식에게 식당 일을 권하지 않는다고 한다. 3년간 주방장으로 일하면서 육체적 한계를 느낀 일이 적지 않았다. 빡빡한 노동뿐 아니라 기회가 생기는 대로 선교 현장에 다니다 보니 몸이 열 개라도 모자랐다. 연중무휴로 계속되는 더운 날씨도 쉽지 않았다.

　게다가 주방은 40도를 넘길 때가 많다. 많은 음식을 한꺼번에 조리하는 경우에는 온도와 습도가 최고조로 올라 찜질방 사우나가 따로 없다. 그러다 보면, '이렇게 일하다 과로사하면 이것을 순교로 인정받을 수 있을까?' 하는 생각이 들기도 했다.

　하지만 아플 수도 없는 상황. 사실 중요한 사역이 있을 때마다 영적 전쟁은 매우 치열했다. 2011년 5월에는 아내가 갑작스런 수술을 받는 일이 생겼다. 수술이 있었던 날은 카페에서 중요한 전도 행사가 열리는 날이었는데, 행사를 취소할 수는 없어서 병원과 카페를 대여섯 번 왔다 갔다 하며 아내를 돌보기도 했다. 둘째 아들이 매장 앞에서 넘어져 이빨이 여러 개 빠진 적도 있었다. 직원이 아프고, 아르바이트생이 아파서 결근하고……. 그래도 나는 아플 수가 없었다. 아직 종합검진을 받아 보지는 않았지만, 이 정도 건강을 유지시켜 주심에 감사드린다.

둘째는 아마 우울증이나 화병 때문이 아닐까? 3년 주방장 생활에서 가장 힘든 싸움은 정체성 싸움이었다. 나도 세 번 정도의 깊은 침체기가 있었다. 교회와 선교사들에게 "복음을 위해 주방에 섰다"고 얘기하면 사업을 한다고 오해한다. 사업가들과 얘기하다 보면, 수익도 안 나는데 왜 그러고 있는지 안쓰럽게 바라본다. 이처럼 육체적으로 힘이 드는데 제대로 된 이해나 평가를 받지 못한다는 느낌이 들 때 정체성의 혼란을 겪곤 한다. 그래도 내 곁에는 이 사역을 이해하고 동역해 주는 많은 분들이 있다. 또한 가시적인 열매들이 맺히고 있고, 한국의 후원자들도 많은 격려를 보내 준다.

우리에게는 전통적으로 품고 있는 선교에 대한 이미지가 있다. 그것은 밀림이나 초원 등 문명이 닿지 않는 오지에서 우리보다 검은 피부를 가진 사람들과 함께한 사진 같은 것이다. 한눈에도 타 문화권에서 고생한다는 느낌이 드는 모습이다. 여기에 허름한 옷을 입은 채 신발도 없이 앙상하게 야윈 아이들과 함께 있으면 더욱 감동이 된다. 기도가 절로 나오고, 적은 금액이라도 후원금을 보내야 마음이 편안할 것 같은 비주얼 아닌가.

실제로 이런 어려운 지역에서 최선을 다해 사역하는 선교사님들이 많다. 말레이시아에도 밀림 깊이 들어가 삶을 헌신하는 분들이 있다. 개인적으로 그분들을 존경한다. 반면에 캠퍼스 사역은 비교적 쉽고 행복해 보인다. 사실 행복하다. 도심 사역이기 때문에 환경과 문화의 이질감도 적다. 행사도 많고 즐거운 일도 많다. 이런 이유로 깊은 감동이나 동정보다는 '뭐 알아서 잘하고 있네' 정도의 반응이 더 많다. 하지만 이런 사역에도 단편적인 사진으로는 설명되지 않는 민감한 부분이 많다. 그런 행복한 비주얼을 만들어 내기 위해 백조의 물갈퀴처럼 내 육체는 물밑에서 쉼 없이 움직여야 했다.

가끔은 고독함도 느낀다. 대학생들과 이런 사역을 하기 위해 겪어야 하는 육체적 에너지와 재정의 소모를 후원자들에게 잘 설명하지 못해 혼자 몸부림치는 내 자신이 답답하고 안타깝기도 했다. 깊은 슬럼프가 올 때는 '내가 여기서 왜 이러고 있지?' 하는 허탈함이 가라앉았던 평정심을 휘젓기도 한다.

개인적으로 가장 힘든 것은 지적인 갈증이었다. 10년 넘게 지적 노동을 해오다가 육체노동을 하려니 채워지지 않는 빈자리가 있었다. 이런 종류의 슬럼프는 기도로 해결이 잘 안 될 때도 있다. 12시간의 노동으로 파김치가 된 몸을 이끌고 집에 와서도 새벽까지 미친 듯이 책을 읽었다. 책이 약이었다. 새벽까지 책을 읽다 잠든 다음 날은 이 슬럼프를 약간 이겨낼 수 있었다. 감성의 고갈은 감성 충전으로, 지성의 고갈은 지적 충전으로, 영성의 고갈은 영적 충전으로 이겨내야 한다. 지성과 감성과 영성은 유기적으로 연결되어 있고, 육체와 연결되어 있기 때문에 한 부분이 고갈되면 도미노처럼 전체에 영향을 미친다. 나는 주로 지적으로 고갈되면서 전체 슬럼프가 찾아오곤 했다.

주방장의 업무나 육체노동을 비하하는 것이 아니다. 나중에 다루겠지만 육체노동을 통한 영적인 유익이 참 많았다. 그리고 모든 노동은 거룩하다고 믿는다. 다만 나의 정체성이 무엇인지에 대한 혼란에 관한 이야기일 뿐이다. 나는 비즈니스맨인가, 주방장인가, 컨설턴트인가, 선교사인가? 그것은 이중, 삼중의 극단적 정체성이 정리되어 가는 과정이었던 것이다.

결국 나는 하나님 앞에 서 있는 마창선임을 깨닫고, 내가 가는 이 길이 거룩한 길임을 인정했다. 그때 정체성의 문제가 해결되었다. 나를 역할로 규정하는 것이 아니라 존재와 목적으로 바라보아야 한다.

셋째는 경제적 순교인 아사(餓死)이다. 이 부분은 다음 장에서 따로 얘기하려 한다.

텐트 메이커, 4인용 텐트를 짓다

비즈니스에서 돈은 피와도 같다. 돈이 충분하지 않거나 잘 순환되지 않으면 빈혈과 동맥경화와 같이 위험한 순간이 올 수도 있다. 선교에 있어서, 특히 도심 선교에 있어서 돈은 중요한 도구이다. 도시에서의 삶은 많은 비용을 필요로 한다.

BAM 과정에서 돈이 부족하거나 순환되지 않으면 실패한다. 사업과 사역 모두 실패할 수밖에 없다. 사업적 순교로 폐업을 하는 경우도 있다. 정의롭지 않은 정부와 공무원에 맞서 정의를 지키다가 끝내 사업을 접기도 한다. 지역 마피아의 협박을 믿음과 용기로 이겨낸 경우도 있겠지만, 눈물을 머금고 사업을 접게 될 수도 있다. 선교지에서는 사업적인 이유 외에도 사업을 접어야 하는 외부적 원인이 많다. 타협하지 않고 하나님의 방법으로 하면 종국에는 하나님 편에서 승리하겠지만, 개별 전투에서는 실패가 있을 수 있다.

　반면에 사업적 의미에서 순교를 각오해야 하는 상황도 있다. 수요와 수익성이 충분하지 않지만 선교 차원에서 꼭 들어가야 할 지역이라면 가서 BAM을 할 것인가? 이 결정은 마치 1866년 대동강에서 최초로 순교한 토마스(Robert J. Thomas) 선교사님의 질문과도 같다. 그분은 순교할 것을 알고 조선으로 건너왔다. 아니, 순교하기 위해 왔다는 표현이 맞을 것이다.

　사업적으로 순교가 예상되는 지역에서 사역이 꼭 필요하다면 들어가서 BAM을 해야 하는가? 내 대답은 "그렇다"이다. 그 지역에 들어갈 수 있는 다른 대안이 있다면 아니라고 하겠지만, 오직 비즈니스를 통해서만 들어갈 수 있는 지역이라면 가야 한다는 대답뿐이다. 이 경우라면 경제적 순교를 각오하고 "주님, 제가 여기 있사오니 저를 보내소서"라고 할 수 있어야 한다.

　다스에서 카페를 운영하는 동안 재정적인 어려움은 반복되었다. 하지만 더 어려운 것은 BAM을 하면서 자비량을 하지 못한다는 자책감이었다. 나는 최소 30억에서 120억 정도가 투자되는 신규 사업 프로젝트를 컨설팅한 경험이 많다. 그 브랜드들이 300억, 600억, 천억으로 성장하는 모습을 지켜보았다. 물론 카페가 안정적으로 돌아가는 비용이 나오는 것은 문제없었다. 하지만 우리 4인 가족의 생활비가 카페에서 나와야 비로소 자비량 선교사라 할 수 있지 않겠는가?

　선교계의 슈퍼맨(?) 사도 바울의 모범은 나와 같은 BAMer를 위축시

키곤 한다. 물론 카페를 시작하기 전에 수익 구조를 짜 보지 않은 것은 아니다. 매출별 시뮬레이션을 통해 대박, 보통, 그리고 유지만 되는 세 가지 경우를 예측했다. 소망이라면 대박이 나서 자비량을 감당하고, 남는 수익으로 구제 사업도 하는 것이었다. 하지만 하나님은 사업적으로 나를 겸손(?)하게 만드셨다. 카페의 안정적 운영 이외에 우리 가족에게 필요한 생활비, 사역비의 50% 정도만이 카페 사업을 통해 해결된다. 사역이 많아지면 이 비율은 더 낮아질 가능성이 있다.

텐트 메이커(Tent Maker)라는 말은 자비량 선교사를 지칭할 때 사용된다. 사도 바울은 목회자 선교사이자 사도였지만 텐트 메이킹, 즉 장막을 만드는 전문 직종의 사업을 병행했다. 여기에서 '자비량 전문인 선교사'를 뜻하는 '텐트 메이커'의 개념과 용어가 나온다.

사도 바울의 조건에 맞춘다면 나 자신은 텐트 메이커라고 생각한다. 바울은 독신으로 현지인과 같은 생활수준의 자비량 선교사 역할을 감당했기 때문이다. 하지만 대부분의 BAMer는 4인 가족 이상의 가장이다. 또한 현지인과 같은 수준으로 살아가기가 어렵다. 현지인에게 보장되는 의료, 교육, 치안 혜택을 누릴 수 없기 때문이다.

다리 카페는 향후 다스보다 더 어려운 지역에 있는 대학가로 선교 베이스를 확장해 나가려 한다. 두 번째 베이스를 개척할 셰프 BAMer가 이미 준비되고 훈련되었다. 그에게 가혹한 멍에를 지우고 싶지는 않다. 목표는 4인 가족 생활비 100%가 나올 수는 없지만 카페의 안정적 운영과 50%의 생활비는 감당할 수 있는 자비량 선교사가 되는 것이다. 사역 비용은 사역의 규모에 따라 격차가 많이 벌어질 수 있지만 가정이 있는 선교사로서 이 정도면 충분히 텐트 메이커의 자격이 있는 수준이라고 본다. 다만 이를 통해 지속 가능한 선교 베이스 역할을 감당해 주어야 한다. 사역의 문이 비교적 빨리 열릴 수도 있지만, 장기적으로 내다보아야 하는 지역도 있기 때문이다.

4인용 텐트를 만들려면, 자비량으로 벌 수 있는 생활비 외에 후원이 필요하다. BAM은 안정적인 선교 베이스로 좋은 접촉점이 될 수 있기 때문에 사역이 열리기 시작하면 급속도로 많은 사역 기회가 생길 가능성이 있다. 그런 시점까지 버틸 사역 비용을 감당하려면 안정적인 후원이 필수적이다.

인재 경영에서 임재 경영으로

2011년 후반기는 아플 수도 없을 정도로 힘들었을 뿐 아니라, 슬럼프를 겪을 틈이 없을 정도로 철저한 광야였다. 그해 5월에 체력이 바닥난 아내의 건강에 문제가 생겨 급한 수술을 받았다. 6월 말에는 아네스도 그만두었고, 6개월 동안 단기 봉사를 해준 수진 자매도 한국으로 귀국했다. 아르바이트 직원을 뽑으면 3주를 못 넘기고 그만두기를 반복했다. 한국에 단기 봉사자를 요청해 봤지만 별다른 응답이 없었다.

사람, 사람, 사람! 인재, 인재, 인재!

정말 인재가 필요했다. 자연히 사람을 구하는 일에 모든 초점이 맞취졌다. 사역도 조금씩 일어나고 있는 참이라 일손이 더 부족했다. 엎친 데 덮친 격으로 아내가 극심한 어지럼증을 호소했다. 처음에는 뇌의 이상이 아닌가 싶어 걱정을 했지만, 귓속에 있는 작은 돌(이석)에 이상이 생긴 것이었다. 귓속 평형기관의 이상으로 머리를 살짝만 돌려도 풍랑 속의 뱃멀미 같은 증상이 나타나는 질병이다. 일주일 이상을 화장실 가는 것 외에는 아무것도 할 수 없었다. 밥도 누워서 먹어야 했다. 인터넷을 찾아보니 한국에는 개인 병원에도 진단과 치료를 할 수 있는 좋은 장비들이 있었지만 다스에는 종합병원 이비인후과에도 그런 장비가 없었다. 농담 삼아 공주병(?)에 걸렸다고, 마당쇠가 수발을 다 들어준다며 웃기도 했다. 하지만 선교지 환경의 스트레스와 체력 저하가 불러온 무서운 질병이었다.

카페는 우리 가족이 전도 대상자를 만날 수 있는 유일한 접촉점이다. 아내의 병이 심할 때는 며칠씩 문을 닫아야 했으니 들쭉날쭉한 영업일 때문에 직원을 구하기가 더 어려웠다. 혼자 주문받고, 음료 먼저 서빙하고, 음식까지 만들어야 했던 날들이 꽤 길어졌다. 다행히 설거지와 청소는 6시에 출근하는 직원이 안정적으로 해주고 있었다. 만두를 만들어야 하는 날은 영업을 끝내고 혼자 400개가 넘는 만두를 밤 11시까지 만들어야 했다. 그러다 보면 서럽기까지 했다. 말이 좋아 사장이지, 완전히 외국인 노동자였다.

만두 한 개마다 주문을 걸듯이 "사람, 사람, 사람…… 인재, 인재, 인재!"를 외치며 기도했는데, 어느 날은 이런 말씀이 마음에 들어왔다.

"장선아, 너는 왜 그렇게 사람을 구하니? 나를 좀 더 구하면 안 되겠니?"

"하나님, 그럼 하나님이 만두 만들어 주실 건가요?!"

항의하듯 말했지만, 하나님은 아무런 말씀이 없으셨다. 다른 장에서 다시 나누겠지만, 이때 깊이 있게 묵상하게 된 말씀이 마태복음 6장 33절이었다.

"너희는 먼저 그의 나라와 그의 의를 구하라 그리하면 이 모든 것을 너희에게 더하시리라"(마 6:33).

이 말씀은 나의 시점을 바꿔 주었다. 사람에 촛점을 맞추고 인재를 구하는 '인재 경영'에서 하나님의 임재를 구하는 '임재 경영'으로 관점과 목표가 바뀌었다. '이 모든 것'보다 '하나님의 나라와 의'를 받아 누리는 것에 집중하게 된 것이다. 마음이 편해졌다. 하나님의 나라와 의를 누리는 사람은 이 모든 것에 초연할 수 있다. 이날부터 나는 하나님의 임재를 집중적으로 구하기 시작했다.

그렇다고 상황이 바로 바뀌는 것은 아니었다. 여전히 격무에 시달리고, 조금씩 열려 가는 사역에도 에너지를 나누어야 했다. 하지만 확실히 바뀐 것은 있다. 바로 '나 자신'이다. 사람을 채워 주시지 않는다는 불평과 원망에서 더 깊이 하나님의 임재를 구하는 예배자로 선 것이다.

내가 서 있는 이곳은 거룩한 땅
나의 신을 벗고 주 앞에 서네

> 내가 섬기는 이것은 거룩한 일
> 나의 맘을 다해 주께 하듯 해
> 나의 일터에 기름 부으소서
> 하나님 나라를 이곳에 옮기소서
> 잃어버린 땅에 나를 보내소서
> 나의 일터를 그곳에 세우소서
> 이곳을 정결케 하소서
> 이곳을 부흥케 하소서
> 이곳에 임재하소서
> 이곳을 주의 피로 덮으소서.
>
> - 「이곳은 거룩한 땅」

* QR코드로 찬양을 직접 감상해 보세요.

사망의 골짜기와 같던 2011년 후반기를 지나 2012년이 되면서 카페는 새로운 전기를 맞이했다. 현지인 파트너가 들어와 1년간 함께 카페를 운영했다. 대학에서 조리학과를 졸업한 현지인 직원도 1년을 함께했다. 그 이후도 빠듯하긴 했지만, 혼자 주방과 홀을 누비며 일하는 상황은 벗어났다. 열어 주시는 사역들도 빠르게 확대되기 시작했다. 2013년이 되면서 본격적인 팀 사역 체제를 열어 주셨다. 할렐루야! 지쳐 쓰러질 정도로 사람을 안 붙여 주신 2011년은 '임재 경영'을 알게 하기 위해 하나님이 준비하신 또 다른 광야였던 것이다.

● 텅 빈 공간이었던 곳에 색을 입히고, 온기를 더하며 우리는 다리 카페를 만들어 갔다. 다리 카페는 하나님과 우리의 합작품이다. 이곳이 그리스도의 아름다운 향기를 내뿜는 곳이 되기를 소망한다.

● 우리는 다리 카페에서 그들을 만난다. 이곳에서 우리는 그들과 함께 울고, 웃고, 사랑을 나눈다. 카페는 소통의 다리, 나눔의 다리, 사랑의 다리가 되어 우리와 그들을 잇는 다리가 되어 준다. 다리 카페가 그들을 하나님께로 인도하는 든든한 다리가 되어가길 바란다.

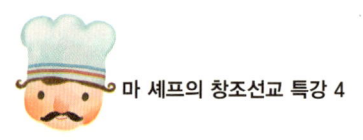

마 셰프의 창조선교 특강 4

/다리 카페를 통해 한류를 만나고 복음을 만납니다/

전 세계에 '한류'라는 문화의 다리가 놓이고 있습니다. 세계인들은 한류라는 다리를 통해 한국을 알고, 느끼고, 즐깁니다. 유튜브를 통해 한류 콘텐츠를 조회해 본 건수는 2014년 초 40억 회를 훌쩍 넘기고 있습니다.

「겨울연가」 등을 텔레비전으로 보던 시대를 '한류 1.0'으로, K-POP과 드라마 등을 인터넷을 통해 적극적으로 검색해 보던 시대를 '한류 2.0'이라고 부를 수 있습니다. 이렇게 생겨난 한류 문화에 대한 수요와 파생 수요를 통해 어느덧 '한류 3.0' 시대가 다가왔습니다. 음반, 한류 잡지 등의 문화 상품뿐 아니라 한국 음식, 한국어 강의, 액세서리, 화장품, 패션 상품 등 드라마에서 흔히 볼 수 있는 크고 작은 상품들을 세계인들이 소비하게 된 것입니다.

다리 카페도 이런 흐름 속에서 한류 문화를 활용한 브랜딩을 하고 있습니다. 우리 카페는 2차원의 모니터로만 접하던 한국을 3차원의 공간에서 4차원으로 직접 체험할 수 있는 공간이지요. 한국말을 유창하게(?) 하는 한국인을 만날 수 있고, K-POP을 마음껏 들을 수 있고, K-POP 스타들의 친필 사인 CD를 만져 볼 수도 있습니다. 여기에 음식과 음료가 더해집니다. 2층의 커뮤니티 센터에서는 한국어를 배울 수도 있습니다.

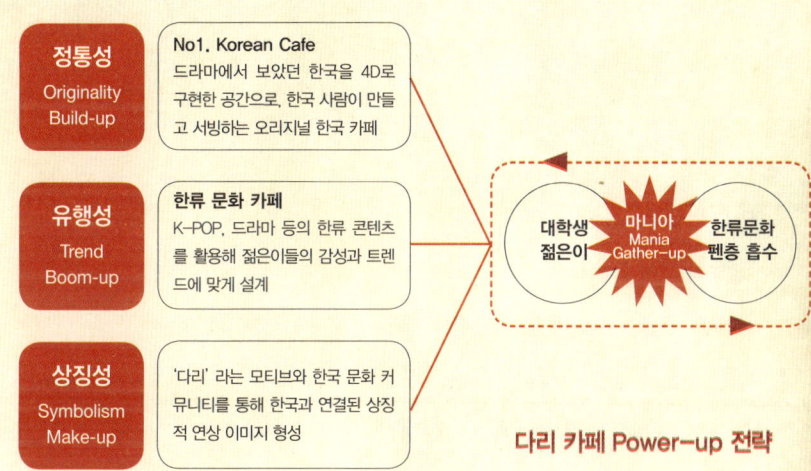

다리 카페 Power-up 전략

　브랜드가 힘을 갖기 위해서는 정통성(Originality)과 유행성(Trend)과 상징성(Symbolism)을 고루 갖추어야 합니다. 이를 위해서는 한류 문화 팬층을 흡수해 이들을 단순한 팬에서 마니아로 만들어 가야 합니다. 사장과 고객의 단기적인 '거래'가 아니라, 사랑과 돌봄 속에 장기적인 '관계'를 만들어야 이들에게 복음을 전할 수 있는 것입니다. 이를 위해 다리 카페는 커뮤니티 센터를 추가로 만들었고, 이를 통해 고객들과 지속적인 관계를 유지해 나갈 수 있었습니다.

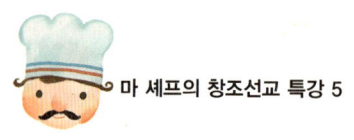

마 셰프의 창조선교 특강 5

/4C 전략으로
함께 만들어 가는 복음의 생태계/

다리 선교회의 목적은 말레이시아 대학 캠퍼스의 부흥을 돕는 것입니다. 이를 위해 4C 전략으로 접근하고 있습니다.

다리 선교회의 4C 전략

1. 캠퍼스(Campus)

먼저 타깃이 되는 캠퍼스를 정합니다. 말레이시아는 한국과 다르게 대학가 개념이 없습니다. 심지어 대학교 정문 앞에 아무것도 없이 논이나 주택가뿐인 경우도 많습니다. 상권이 형성되어 있는 것도 아니고요. 그래서 리서치를 하다 보면, 캠퍼스 바로 앞보다 약간 떨어져 있는 상가가 사역에 효과적이겠다 싶은 경우도 있습니다. 유동 인구를 통한 상권을 파악하려면 대학생들이 외출해서 시간을 보내는 동선을 따라가 보아야 합니다.

캠퍼스가 선정되면 지속적으로 그 캠퍼스를 위해 기도합니다. 한국 대학의 기독교동아리연합회와 연결해 기도를 쌓아 나가면 더욱 좋겠지요. 국가나 종족을 품는 것을 넘어 구체적인 대학 캠퍼스를 품고 기도로 섬길 수 있다면 좋을 것입니다.

2. 카페(Cafe)

그 대학에 영향을 줄 수 있는 상권에 위치한 매장을 구해 카페를 오픈합니다. 카페의 입지는 지속 가능성(매출, 월세 등의 비용 고려), 타깃이 되는 고객의 유입 가능성을 충분히 고려해 결정합니다. 많은 경우 지속 가능성과 대학생의 유입 가능성은 상호 배타적입니다. 두 가지 조건이 다 충족되기는 어렵다는 뜻입니다. 이 경우 매출을 손해 보더라도 학생들이 올 수 있는 지역으로 입지를 정합니다. 하지만 최소한 매장 유지 비용이 매출을 통해 나올 수 있어야 합니다.

3. 커뮤니티(Community)

카페 운영이 정상화되어 가면 커뮤니티를 만듭니다. 커뮤니티 센터와 같은 공간을 카페와 연계해 오픈하는 것이 가장 효과적입니다. 한국어 수업 커뮤니티, K-POP 나눔 커뮤니티, 수공예(바느질, 퀼트 등) 커뮤니티 등 한류와 연결된 문화 교실부터 시작하고, 이를 통해 장기적 관계를 도모하는 것이지요. 그러다가 적절한 타이밍에 커뮤니티 멤버들을 전도의 자리로 초대합니다. 분위기가 무르익으면 크리스천 커뮤니티도 시도해 봅니다. 다리 카페의 경우, 현재 노아 댄스 팀, Acts29 기숙사 등을 운영하고 있으며, 대학 내의 크리스천 학생 모임을 돕고 있습니다.

4. 교회(Church)

끝으로 교회를 만들어 갑니다. 물론 여기서 교회란 건물 교회가 아닌 '믿는 지체들의 모임'으로서의 무형 교회입니다. 캠퍼스 내에 크리스천 학생 모임을 키워 나가는 것은 중요한 전략입니다. 예배 모임은 기숙사와 동역자들의 집에서 가정 교회로 시작합니다. 가정 교회를 기본으로 하고, 지역 교회와 연합해 주일예배를 드리거나 여건이 허락되면 가정 교회들의 연합체를 만들어 갈 수 있겠지요.

이처럼 4C 전략으로 복음이 뿌려지고 성장해서 열매를 맺을 수 있는 생태계가 됩니다. 한 번의 복음 제시로 끝나는 것이 아니라 복음을 통한 삶을 보여 주고, 장기적인 관계 속에서 지속적으로 복음을 전달하는 것입니다. 이는 제자를 길러내고 사역의 위임(Empowerment), 사역의 재생산(Multiply)이 이루어지는 지속 가능성을 가진 생태계가 될 것입니다.

4C 모델에 있어서 재생산은 매우 중요한 요소입니다. 4C가 온전하게 운영되면 우리는 이를 '센터'라고 부릅니다. 여기에서 다음의 센터를 개척할 동역자가 준비되고 훈련됩니다. 한국 선교사 가정과 대학생 단기 봉사자, 그리고 현지인 젊은이들이 함께 배우고 팀을 만들어 다음 센터를 개척해 나가는 것입니다. 이 개척 팀은 비즈니스 팀이면서 미션 팀이 됩니다.

선교지에 적합한 가정 교회 모델을
배울 수 있는 가정 교회 사역원 사이트

www.housechurchministries.org

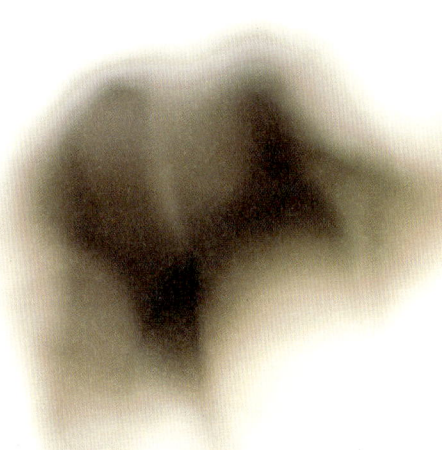

광야로 가자 광야로 가자

나의 지혜와 힘으로 물을 구할 수 없어

광야로 가자 광야로 가자

……

- 「광야로 가자」 중에서

PART 4
마 셰프가 주방에서 마주한 진리

하나님의
셰프

메인 디쉬, 사이드 디쉬

"너희는 먼저 그의 나라와 그의 의를 구하라 그리하면 이 모든 것을 너희에게 더하시리라"(마 6:33).

● 암송하는 요절로, 또 수차례 설교로 들었던 이 구절은 거의 상식에 가까운 말씀이다. 나는 이 말씀을 주로 두 가지 의미로 이해하고 나에게 적용시켰다.

첫 번째, 이 말씀은 나에게 무엇인가 부족할 때 '모든 것'을 받기 위한 말씀이었다. 내게 대학 합격이 필요할 때, 진급이 필요할 때, 또 몸이 아파 치유가 필요할 때 이 구절을 떠올리곤 했다.

"하나님의 나라와 의를 구합니다. 하나님께 초점을 맞추고 우선순위를 정하겠습니다. 그러니 이제 제게 필요한 것을 주세요."

두 번째, 나의 믿음을 내 스스로 증명하고 싶을 때 이 말씀을 떠올렸다. '일이 잘 되어 가고 있고, 나에게 부족한 것이 없다. 이미 내게 필요

한 것이 적절하게 공급돼 있구나. 내가 하나님의 나라와 의를 구했나 보다. 나는 괜찮은 크리스천이구나.'

나에게 이미 '모든 것'이 주어졌으니, 내가 하나님의 충성된 종이라고 스스로를 증명하면서 이 말씀을 떠올렸던 것이다.

말레이시아라는 광야로 가니 모든 공급의 관이 막혔다. 정기적으로 들어오는 급여나 사업소득도 없다. 한국에서는 돈이 궁할 때 강의를 만들거나, 컨설팅 프로젝트를 개인적으로 수주해 진행하기도 했다. 신용카드도 있었고, 정 안 되면 마이너스 통장도 있었다. 다음은 오래전에 만든 노래 「광야로 가자」의 일부다.

> 광야로 가자 광야로 가자
> 나의 지혜와 힘으로 물을 구할 수 없어
> 광야로 가자 광야로 가자
> 오직 하나님만 의지하는 곳
> 그곳에서 나는 주님과 만나리
> 생명의 물과 양식으로 회복되리
> 많은 시험과 두려움
> 믿음과 말씀으로 승리하고 돌아오리라.
>
> – 「광야로 가자」 중에서

* QR코드로 찬양을 직접 감상해 보세요.

선교지는 광야였다. 나의 지혜와 힘으로 마실 것, 먹을 것, 입을 것을 채울 수 없었다. 그때 마태복음의 이 말씀이 들어왔다. '먼저 그의 나라와 의를 구하라. 그리하면……'

우리 카페에서 비빔밥을 주문하면 김치가 함께 나가는데, 더 원하는 분들에게는 무한 리필이 된다. 비빔밥은 메인 디쉬이고, 김치는 사이드 디쉬이다. 가끔 김치 마니아가 와서 김치를 따로 주문할 때가 있다. 포장용 400g짜리가 2,000원 정도 한다. 메인 디쉬의 절반 가격이다. '반찬'이라는 개념이 없는 외국인 중에는 김치를 샐러드 삼아 엄청 먹는 사람들이 있다. 메인 디쉬보다 사이드 디쉬에 더 관심을 갖는 사람들이다. 그런 손님들에게는 직원이 친절하게 다시 묻곤 한다.

"메인 디쉬를 시키시면 김치는 그냥 더 드릴 텐데, 그래도 김치를 따로 주문하시겠어요?"

● 한국의 맛을 전달할 다리 카페의 메인 디쉬

● 다리 카페의 주요 메뉴들. 이 안에 하나님의 사랑과 나의 사랑을 볶고 끓이고 지지며 그들에게 맛있는 음식 이상의 그 무엇으로 대접되기를 기도한다.

이 직원의 멘트는 마태복음 6장 33절 말씀과 같은 의미다. 하지만 우리는 이 말씀에서 놓치고 있는 것이 있다. 구하는 것은 '하나님의 나라와 의'이고, 주어지는 것은 '이 모든 것'이다. 그렇다면 '그리하면'과 '이 모든 것' 사이에는 무엇이 생략된 것일까?

비빔밥을 시켰는데, 김치만 나온다면 손님은 그것으로 만족하지 않을 것이다. 비빔밥이 나오고, 김치도 나오고, 다 먹은 김치를 추가로 리필해 줄 때 손님은 만족해한다. '하나님의 나라와 의'를 구하고 '이 모든 것'만을 받고 기뻐하는 사람이 있을까? 사실 있다. 나도 이 말씀을 '이 모든 것'을 받기 위한 수단으로 사용하는 어리석은 사람이었다.

이 말씀의 핵심은 '하나님의 나라와 의'를 구했을 때 '하나님의 나라와 의'가 주어지고 소유된다는 것이다. 이것이 메인 디쉬다. '이 모든 것'은 사이드 디쉬다. 이 모든 것을 '하나님의 나라와 의'를 위해 사용했을 때 무한 리필이 된다. 반찬은 메인 디쉬를 맛있게 먹기 위한 것이다. 우리는 메인 디쉬, 즉 '하나님의 나라와 의'의 진정한 맛과 풍성함을 누려야 한다.

선교지에서는 이 말씀을 '하나님의 나라와 의'를 구하고, 진심으로 이를 받기 위해 사용했다. 그럼에도 불구하고 결핍이 있었다. 때로는 필요를 채우기 위해 처절하게 일해야 할 때도 있었다. 이때 이 말씀의 둘째 용법이 있다.

하나님은 우리가 더 간절히, 끊임없이, 진실하게 '하나님의 나라와 의'를 구하게 하시기 위해 우리의 결핍을 사용하신다. 내 힘으로 채울 수 없는 결핍을 통해 그 결핍에 집중하게 하시는 것이 아니라, 그 풍부

함의 나라에 집중하게 하시는 것이다.

아이러니하게도 우리에게 소위 세상적인 '축복'이라는 것이 채워지면 하나님의 나라와 의에 대한 갈증이 덜해진다. 유사품인 '나의 나라와 의'가 구축되며, 진품의 필요는 아득히 잊히고 만다. 오히려 그 '유사품 축복'이 사라진 후에야 다시 '하나님의 나라와 의'에 대한 진정성을 깨닫는 경우가 많다. 내가 약해질 때 하나님 나라의 강함이 드러나고, 내가 가난해질 때 그 나라의 부요함이 드러난다.

선교지, 즉 광야에서는 그분의 나라와 의의 임재가 강하다. 예측할 수 없는 방법으로 '이 모든 것'이 공급되기도 한다. 말레이시아에서도 수많은 공급의 간증이 있었다. 이 모험과 간증에 도전해 보기를 원하는 분들은 주저하지 말고 복음을 위해 땅끝으로 떠날 채비를 하기 바란다.

하나님의 임재 연습

'주방은 거룩한 곳인가? 교회당은 주방보다 거룩한 곳인가?'

하나님의 임재가 있다면 어느 곳이나 거룩하다. 『하나님의 임재 연습』을 쓴 로렌스 형제가 400년 전에 주방에서 깨달은 진리다. 로렌스 형제는 수도원 주방에서 요리와 설거지를 하다가 하나님의 깊은 임재를 체험한 구도자다. 달걀 프라이 하나를 뒤집을 때도 하나님을 생각했던 그는 거룩함의 본질을 깨달은 사람이었다.

우리의 영적인 생활에 있어서 가장 거룩하고 가장 필요한 연습은 곧 하나님의 임재 연습입니다. 이 말의 의미는 우리가 하나님의 거룩하신 동행 안에서 끊임없이 기쁨을 발견하고, 매 순간 어떤 식으로든 대화의 막힘이 없이 항상 그분과 겸손하면서도 정답게 이야기 나누는 것을 말합니다. 이것은 특히 유혹과 슬픔의 시간, 하나님과 분리되어 있는 것 같은 시간, 그리고 불성실과 범죄의 시간에 더욱 중요합니다.

— 「하나님의 임재 연습」 중에서

주방은 현실이다. 하나님의 임재 가운데 머물기에는 너무 분주한 공간이다. 주방에서 일하기 위해서는 모든 감각이 총동원된다. 좋은 음식을 만들기 위해 미각과 후각이 사용되는 것은 말할 것도 없다. 여기에 시각적으로 더 예쁘게 세팅해야 하고, 음식이 만들어지는 소리를 듣기 위해 끊임없이 청각을 사용해야 한다. 한번에 여러 가지 프로세스가 진행되기 때문에 야채를 볶을 때 "지글지글" 하는 소리만으로도 타기 직전인지를 감지할 수 있어야 한다. 뚝배기의 찌개가 끓어넘치기 직전의 "보글보글" 하는 소리를 인식해야 하고, 치킨 가스를 기름에 넣었을 때의 "쏴아" 하는 소리로 기름의 온도를 알 수 있어야 한다. 쉴 틈 없이 움직이는 손가락 끝의 촉각도 수많은 정보를 빨아들인다. 눈은 그냥 거드는 것뿐, 양파를 썰 때는 수백 번의 반복으로 입력된 손끝의 감각에 근육이 작동한다.

이렇게 오감이 끊임없이 작동하는 상황에서 나의 영적인 감각을 하나님께 맞추기란 쉽지 않다. 어쩌면 하나님의 존재를 잊어야 일에 집중할 수 있는 환경이다. 주방에서의 오감은 훈련이 필요하다. 나는 미각을 잃은 장금이였고, 미각을 회복하는 재활 훈련을 통해 주방장이 되었다. 이후로 나머지 모든 감각도 주방에 최적화된 상태로 훈련되어 갔다. 이처럼 하나님을 인식하기 위해서도 영적인 훈련이 필요하다.

음식을 맛볼 때는 내가 먹어 보았던 그 음식 맛의 최고점을 기억해야 한다. 그 맛과 비교해 오차 범위 안에 들면 합격이다. 하나님의 임재를 구할 때도 마찬가지다. 내가 경험한 그분의 임재 중 최고의 경험을 기억할 수 있어야 한다. 그렇게 매일매일의 삶을 그 경험에 맞추어 가야 한다.

주방에서 만들어 내는 맛은 그 수준과 일관성이 중요하다. 탁월한 요리사라도 기분에 따라 맛이 들쭉날쭉하다면 손님들은 임상 실험 대상자가 된 것같이 느낄 것이다. 영성도 그 수준과 일관성이 중요하다. 치열한 일상 가운데서도 고르게 하나님의 임재를 경험하며 살아가는 영성이 냉탕과 온탕을 왔다 갔다 하는 롤러코스터 영성보다 성숙된 것이다.

"항상 기뻐하라 쉬지 말고 기도하라 범사에 감사하라 이것이 그리스도 예수 안에서 너희를 향하신 하나님의 뜻이니라"(살전 5:16-18).

데살로니가전서 5장은 말세에 대한 내용으로 시작된다. 하지만 일상의 영성에 대한 초대로 끝난다. 마지막 때를 기다리는 자세로 사는 일상의 영성을 강조한 것이다. 언제 예수님이 다시 오실지 모르기 때문에 항상 쉬지 말고, 범사에 하나님과 함께해야 한다. 그분의 임재를 기뻐하고, 그 안에서 기도하고, 그 기도로 응답된 모든 일에 감사해야 한다.

일상 가운데 하나님의 임재를 경험하기 위해서는 연습이 필요하다. 오감이 요리의 삼각에 집중되더라도 영적인 감각은 하나님의 임재에 집중되어야 한다. 그 결과로 드러나는 모습은 일상의 기쁨과 기도와 감사이다.

내가 오감을 사용해서 하고 있는 이 분주한 일에 충분히 훈련되지 않으면 영적인 감각을 하나님께 맞추기가 어렵다. 주방장으로 일하면서 1년간은 쉽지 않았다. 그러나 어느 순간 오감이 조화롭게 작동하며 손발이 율동하듯 움직이기 시작했다. 주방에서 하는 일에 일정한 패턴이 생긴 것이다. 나는 좀 더 영적인 감각의 활용을 훈련했다.

하면 된다. 요리를 하며 하나님을 생각할 수 있다. 요리를 하며 하나님의 임재 연습을 할 수 있다. 요리를 하며 기뻐하고, 기도하고, 감사할 수 있다. 심지어 요리를 하면서 새 노래를 작곡할 수 있고, 새로운 전도 이벤트를 기획할 수 있으며, 음식을 주문한 학생을 위해 중보 기도를 할 수 있다. 하나님의 임재 연습을 하고 싶다면 주방으로 가라.

복음을 위해 육수를 끓이다

한국 음식의 비법 중 하나는 육수이다. 육수는 음식 맛의 기본을 깔아 준다. 다리 카페에도 두 종류의 육수를 항상 준비해 놓는다. 닭 육수와 멸치 육수다. 며느리도 안 가르쳐 준다는 손맛의 비법은 바로 이 육수에서 나온다. 카페에서는 인공 조미료를 전혀 사용하지 않기 때문에 육수에 더 신경을 쓴다. 서양인 단골손님 중에는 다른 식당에서 먹으면 화학조미료 알레르기 반응이 나타나는데, 다리 카페는 안 그렇다며 오는 분도 있다.

어느 날 육수를 끓이면서 우리가 하는 일이 이와 같다는 생각을 했다. 우리가 결국 손님에게 제공하려는 것은 완성되고 완전한 음식(복음)이지만, 이를 완성하기 위해서는 오랜 기간 육수를 끓여야 한다. 복음 전도의 결정적인 순간을 위해서는 인내하며 오랜 섬김의 시간을 기다려야 하는 것이다.

> "너희가 자기를 위하여 공의를 심고 인애를 거두라 너희 묵은 땅을 기경하라 지금이 곧 여호와를 찾을 때니 마침내 여호와께서 오사 공의를 비처럼 너희에게 내리시리라"(호 10:12).

창의적 접근 지역에서 '일상이 없는 선교사'는 전도 대상자의 마음 밭을 기경하기 어렵다. 내가 내 삶을 오픈하고 마음을 나누어야 상대방도 마음을 연다. 일상의 삶을 통해 그들을 섬기고, 하나님의 뜻을 따라 살아가는 내 삶을 보여 주어야 한다. 복음은 듣고 믿을 수 있지만, 복음적인 삶은 직접 보는 것을 통해 배울 수 있다. 신자는 들려줌으로써 만들 수 있지만, 제자는 보여 주어야 만들 수 있는 원리다.

주방에서 일하는 것은 땅을 기경하는 일이다. 성실함과 정직함을 통해 전도 대상자들의 마음을 기경해야 한다. 언젠가 충분히 끓었을 때 약간의 소금만으로도 완전한 맛을 전할 수 있다. 오늘도 나는 그 결정적인 순간을 기다리며 육수를 끓인다.

마르다 증후군

다리 카페에는 빅뱅을 포함해서 씨스타, 2AM 등 많은 K-POP 스타의 친필 사인 CD가 있다. 연예 기획 쪽에서 일하는 지인의 수고로 받은 것들이다. 가끔 빅뱅의 친필 사인 CD를 발견하고 환호성을 지르는 친구들이 있다. 마치 성지순례에서 발견한 고대 성경 사본이라도 바라보듯이 은혜 받은(?) 표정을 하다가 이내 CD를 들고 사진을 찍는다.

말레이시아로 오기 전 3년 정도를 합정동 양화진 선교사 묘역 앞 쪽에 살았었다. 합정동은 다리만 건너면 여의도로 이어지는 동네라 그런지 연예인 기획사와 연예인 팀 숙소가 좀 있었는데, 우리 아파트 정문 바로 앞에는 빅뱅의 합숙소가 있었다. 2006년이었으니까 아직 빅뱅이

● 카페에는 K-POP 스타들의 사인 CD를 전시해 놓는다. 한류 문화가 선한 영향력으로 복음의 다리가 되어주기를….

본격적으로 뜨기 전이었는데, 모 케이블 방송에서 빅뱅이 커 가는 과정을 프로그램으로 내보내고 있었을 것이다.

　근처에 있는 출석 교회의 새벽 기도회에 가면 밤을 새고 그 집 앞을 지키는 팬들을 볼 수 있었다. 늦은 퇴근 시간에도, 어쩌다 낮에 집에 있을 때도 그들을 볼 수 있다. 말 그대로 주야장천 빅뱅의 거처를 지키는 학생들이었다. 분명 학교 갈 시간인데 교복을 입고 그 앞에 삼삼오오 모여 있기도 했고, 추운 겨울엔 담요까지 싸 가지고 와서 그 앞에 웅크리고 앉아 밤을 지새우기도 했다.

　그들은 24시간 365일 릴레이로 빅뱅 주변을 서성거렸다. 빅뱅이 본격적으로 뜰 무렵 그들이 이사를 했기 때문에 그 뒤로 얼마나 그 집 앞 모임이 부흥(?)되었는지는 모른다. 가끔 이사 간 사실을 모르고 서성이는 학생들을 볼 때면, "빅뱅 이사 갔어" 하고 안타까운 웃음으로 말해 주었다. 그래도 아이들은 "그럼 여기가 빅뱅이 살던 집이었던 건 맞죠?" 하면서 무슨 위인의 생가라도 대하듯 존경의 눈으로 우러러보며 창문을 응시했다. 그러고는 벽에서 자기들 또래의 팬들이 남긴 낙서에서 이심전심의 온기를 느끼다가 돌아가곤 했다.

　그 '주야장천 모임'이 특별한 일을 하는 것은 아니다. "야, 온다!" 하고 누가 외치면, "우와!" 하는 탄성과 함께 그들을 환영하고, 빅뱅이 집 안에 있을 때면 그저 그 앞을 지키고 있다는 사실만으로도 감격하는 것 같았다. 그러고 보니 그 아이들이 가장 원하는 것은 빅뱅에게 자신들의 존재를 조금이나마 기억시키는 일인 것 같았다. "대성 오빠! 저 아무개 왔어요!" 이런 식의 외침을 종종 들을 수 있었다. 그들의 행동에는 그저 어린 소녀들의 분별없는 열정으로 폄하할 수만은 없는, 그들 나름대로의 진지함이 담겨 있었다.

어느 날 나는 '팬클럽'이란 대체 어떤 일을 하는 모임일까 궁금해서 인터넷을 찾아보았는데, 나름대로 정리된 회칙이 있었다. 예를 들면 이런 것이다.

1. 우리는 빅뱅이 인정한 유일한 팬클럽 ○○○인으로서의 긍지와 자부심을 가집니다.
2. 우리는 모든 행사에 참여할 권리를 가지며 동시에 의무를 갖습니다.
3. 우리는 임원진을 따르고 존중하며, 임원진 또한 ○○○인을 존중하고 따릅니다.
4. 우리는 빅뱅만을 영원히 믿고, 사랑합니다.

(중략)

제1항 : 빅뱅과의 만남(팬 미팅)
본 팬클럽의 가장 큰 행사로 임의의 하루 혹은 한나절 동안 빅뱅과 만남을 갖고 즐거운 시간을 보낸다. 정회원은 물론 참가 절차를 준수한 모든 팬이 다 참석할 수 있다. 단 정회원에게는 행사 진행 시 특별한 혜택이 주어진다.

이와 같이 구구절절 진지함이 묻어나는 회칙을 보면서 웃음이 나왔지만, 한때의 치기 어린 행동으로 볼 수만은 없는 진정성과 헌신적 사랑도 느껴졌다.

사실 주방 일을 하면서 이른바 '마르다 증후군'에 신음할 때가 많다. 마르다와 같이 발을 동동 구르며 분주히 오가는 내 모습을 보곤 한다. 마르다의 '마 셰프'가 아니라 마리아의 '마 셰프'이고 싶지만, 마리아처럼 조용히 예수님 곁에 앉아 말씀에 집중할 시간을 내기가 참으로 어려운 현실이다. 좋아하는 스타에게 집중하고, 친밀한 관계를 갈망하는 팬클럽 회원들만도 못한 내 모습에 놀라 좌절하기도 한다. 가끔은 머릿속이 하얘지면서, '내가 하고 있는 이 일이 과연 예수님과 관계나 있는 일일까?' 하는 얼토당토않은 의구심도 생겨난다.

어느 날 "내 양을 먹이라"라는 주님의 음성에 위안을 삼았다. 제자들을 위해 조반을 지으신 예수님의 새벽 미명 실루엣이 눈에 아른거리기도 했다. 주방에서 일하면서 '하나님의 임재 연습'을 했던 로렌스 형제도 기억해냈다.

나는 내가 하는 일에 지나치게 영적인 의미를 부여하고 싶지는 않다. 그저 밥을 지을 뿐이다. 이 일이 영적인 가치가 있는 일인지는 그 열매가 말해 줄 것이다. 영적으로 풍성한 열매가 맺히면 내 주방에서의 일상도 영을 살리는 일이었을 것이다. 그날이 오면 나는 자신 있게 후배 선교사에게 "당신도 이렇게 하십시오" 하고 권면할 것이다. 영적인 열매가 없다면 나는 여전히 마르다 증후군을 앓으며 괴로워하겠지만, 감사하게도 열매가 보인다! 그 열매들을 수확하기 위해 오늘도 나는 다시 주방으로 간다.

마 셰프의
찌개 영성

다리 카페에서는 두 종류의 찌개를 만든다. 김치찌개와 된장찌개다. 순두부찌개도 곧 도전해 볼까 한다. 말레이시아에서 함께 기도하던 동역자 중 한 명이 기도회 중 찌개에 대한 환상을 얘기한 적이 있다. 하나님이 찌개에 각종 재료를 넣으셨는데, 끓지 않아서 하나의 맛이 되지 못한다는 슬픈 이야기다.

주방에서 된장찌개를 끓이다 보면 이 비유가 정말 마음에 와 닿는다. 각기 맛과 모양이 다른 재료들을 넣는다. 진하게 우려낸 육수에 감자, 호박, 당근, 양파, 새우 등의 재료와 된장을 풀어 넣는다. 그런데 찌개가 찌개 본연의 맛을 내는 시점이 있다. 각 재료에서 나온 고유의 맛이 섞여서 찌개 전체의 맛으로 완성되는 지점이다. 끓이지 않고서는 아무리 오랫동안 재료를 함께 담가 두어도 맛이 나지 않는다.

다리 공동체에도 다양한 맛을 지닌 사람들이 모여 있다. 저마다 각자의 색깔과 향기를 지니고 있다. 그러나 함께 모인다고 저절로 근사한 맛이 나는 것은 아니다. 끓어야 한다. 성령의 불 가운데 함께 머물러야 한다. 각자의 맛을 뒤로하고 그 성령의 불에 나를 맡겨야 한다.

다리 카페 2층에서는 매일 새벽 기도회가 열린다. 내가 가장 빼질거리고, 나머지 분들은 참으로 기도에 열심이다. 매주 화요일에는 기도 모임을 갖는다. 함께 찬양하고, 기도 제목들을 내놓고 함께 기도한다. 일주일에 한 번 정기적으로 만나는 모임이라 결정해야 할 많은 안건이 있지만 회의보다는 기도에 집중한다.

개인적으로 추구하는 공동체의 이상적인 모델은 '모라비안 공동체'이다. 모라비안은 1700년대 초에 체코 모라비아 지방의 종교적 박해를 피해 독일로 이주한 공동체이다. 그들의 순수한 신앙에 감동한 진젠도르프 백작이 영지를 내어 주며 신앙 공동체로 함께하게 된다. 이주해 온 모라비안 공동체 내에도 많은 갈등과 문제가 있었지만, 성령님의 강력한 임재를 통해 부흥을 이룬다. 이때 7개 조로 나누어 시작한 24시간 릴레이 기도가 이후 100년 이상 지속되었다. 이 기간 동안 모라비안은 전 세계에 선교 팀을 파송했고, 현지에서 할 수 있는 각자의 비즈니스를 하며 효과적인 팀 사역을 이루어 엄청난 선교의 열매를 거두었다.

다리 공동체는 기도 공동체이고, 말씀 공동체이며, 선교 공동체이다. 서로의 삶을 돌아보는 생활 공동체이자 계약보다는 언약이 중시되는 사랑의 공동체이다. 오늘도 우리는 함께 모여서 맛있는 찌개로 끓고 있다.

계획을 포기하신 예수님

주방에서 정신없이 일을 하다가 갑자기 주문이 없어 진공상태가 될 때가 있다. 이럴 때는 잡다한 공상에 사로잡히곤 한다. 내가 포기한 계획들이 다시 스멀스멀 괴물처럼 되살아나 나를 덮칠 때도 있다. MBA나 이랜드 동기들의 소식을 들은 다음 날은 더욱 그렇다. 이미 몇 백억 하는 브랜드를 책임지고 있는 친구들도 있고, 대기업과 증권회사, 은행에서 일하는 친구들도 많다.

그러던 어느 날 음식을 만들다가 목수 일을 하셨을 예수님 생각이 났다. 워낙 창조적인 분이시니 목수 일도 오죽 잘하셨을까! 하지만 우주를 만드셨던 분이 나무 의자를 만들면서 답답하지 않으셨을까? 예수님도 계획이 있으셨을 것이다. 하나님과 영원한 연합과 사랑 안에서 일하고 누릴 계획이 있으셨을 것이다. 천사들도 다스려야 하셨고, 우주 운행의 톱니바퀴도 돌아보아야 하셨을 것이다.

이 모든 계획을 포기하시고 과감히 하늘 보좌에서 내려올 때의 심정이 어떠했을까? 무한에서 공간의 제약 속으로, 영원에서 시간의 통제 속으로 들어오실 때의 감정은 어떠했을까? 주님은 우리에게 무한과 영원을 가르치시기 위해 무한과 영원 속에 있던 당신의 계획을 포기하신 것이다.

> "너희 안에 이 마음을 품으라 곧 그리스도 예수의 마음이니 그는 근본 하나님의 본체시나 하나님과 동등됨을 취할 것으로 여기지 아니하시고 오히려 자기를 비워 종의 형체를 가지사 사람들과 같이 되셨고 사람의 모양으로 나타나사 자기를 낮추시고 죽기까지 복종하셨으니 곧 십자가에 죽으심이라"(빌 2:5-8).

예수님이 나를 위해 자신의 큰 계획을 포기하시고, 나를 살리기 위한 작은 계획에 헌신하셨기에 나도 나의 다른 계획을 포기할 수 있었다. 그분이 포기하신 계획, 내려놓으신 권리, 죽음을 감내하신 순종……. 이것이 내 헌신의 이유이며, 내가 기꺼이 주방에서 일하는 배경이다.

"복음을 위해 갈릴리의 초라한 목공소에 서신 예수님, 사랑합니다. 감사합니다."

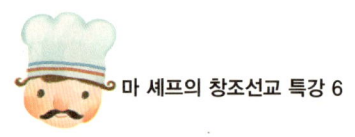
마 셰프의 창조선교 특강 6

/I CAN BAM!
선교, 더 창조적으로/

창의적 접근 지역, 즉 선교활동이 제한된 지역에서 비즈니스와 문화, 학술 등을 통해 일종의 위장된 신분으로 선교 활동을 하는 것을 '창조선교'라고 부릅니다. 창조적이라는 개념은 기존의 좋은 것들을 부정하거나 반대하는 것이 아닙니다. 창조를 강조하다 보니, 전통적인 선교 방법을 부정하는 것으로 이해하는 분들이 있습니다. 개인적으로 저는 직접적으로 복음을 전하고, 제자를 양육하고, 교회를 세우는 것에 더 관심이 있습니다. 이런 활동이 가능한 열린 지역에서는 그렇게 하는 것이 정도(正道)이며 효과적인 선교라고 생각합니다. 하지만 직접적 복음 전파가 어려운 곳에서는 다른 방법이 필요합니다. 창의적인 방법이 필요한 것입니다.

역사 속 창조선교

한국 초기 선교 역사에서도 그 시기 창조선교의 모습을 찾아볼 수 있습니다. 조선 초기, 최초의 서양식 병원인 제중원을 세운 알렌(Horace N. Allen) 선교사가 있었습니다. 그는 고종의 사돈이었던 민영익의 생명의 은인이 되어 대한민국에 병원을 설립을 하게 되었고, 이 병원은 선교가 막혀 있던 당시에 많은 선교사가 건너올 수 있는 거점이 되었습니다. 하지만 알렌은 직접적인 선교 활동을 하지 못하는 것에 대해 많은 고민을 했습니다. 그러나 신분을 감추고 활동했던 알렌 선교사 덕분에 언더우드, 아펜젤러, 스크랜턴, 헤론 부부 등이 제중원의 의사나 스태프로 일하며 선교 활동을 할 수 있게 되었고, 이는 우리나라의 복음 전파에 큰 힘이 되었습니다.

지금은 우리가 많이 알고 있는 선교의 한 방법으로 의료 선교를 생각하지만 아마도 그 당시에는 교회 개척, 신학교 설립과 같은 직접적인 복음 전도가 아닌 간접적 전도로 여겨졌을 것입니다. 어쩌면 그 의료 선교 또한 그 당시의 창조선교의 한 방법이 아니었을까 생각해봅니다.

창조선교의 실천 방법

이제 우리는 우리에게 주어진 상황 속에서 창조선교를 펼쳐나가야 합니다. 하지만 이는 많은 준비와 훈련이 필요합니다. 단기와 장기를 나누어 창조선교의 준비 방법들을 알아보도록 하겠습니다.

1. 창조적 단기 선교

단번에 먼 미래를 바라보며 계획을 세우는 것보다는 먼저 단기적 계획을 세우는 것이 좋습니다.

먼저 선교의 구체적인 타깃을 잡는 것이 필요합니다. 한 나라를 정하고 그곳을 위해 선교를 계획하고 기도하는 것도 좋지만, 좀 더 구체적으로 어느 나라의 어느 대학 캠퍼스를 타깃으로 정하는 것도 좋습니다. 캠퍼스는 창조적 선교를 하기에 좋은 무대입니다. 각 나라의 대학 캠퍼스에는 새로운 것을 기대하고 있는 학생들이 많이 있기 때문입니다. 5-10년 정도를 계획하고 단기 선교를 지속하면서 선교 대상자들을 만나고, 나누고, 사랑하게 될 때 창조적 방법들이 생겨날 것입니다.

2. 창조적 장기 선교

장기적인 선교 파송을 위해 선교 훈련이 필요합니다. 창의적 접근 지역에 파송할 선교사라면 창의성을 훈련할 수 있는 교육이 더욱 절실합니다. 다스에 온 새벽이슬 청년들은 악기와 춤, 사진 촬영, 디자인 등을 배워 선교지에서 활용합니다. 다리 선교회는 이런 창의적 도구를 함께 훈련하는 I CAN, BAM이라는 프로그램을 만들어 가고 있습니다. '창의적 접근 지역에서의 브랜드 비즈니스 선교'(In Creative Access Nations, Brand As Mission)라는 다소 긴 이름의 프로그램입니다. 1년 과정으로 함께 공동체 생활을 하며, 창의성 훈련을 비롯한 접근 훈련, 지역 훈련, 비즈니스 훈련, 융합 훈련, 미션 훈련 등을 통해 창조적 장기 선교사로서의 무기들을 준비해나가고 있습니다. 이 훈련을 받은 새벽이슬 청년들과 두 번째 미션 베이스를 개척할 선교사가 훈련 중에 있습니다.

훈련 분야		방향성	실행 아이템
In Christ 기본 삶 훈련 Basic Life Training		기도, 말씀, 예배, 공동체 생활을 비롯해 기본 삶을 훈련	• 기본 영성 훈련 • Leadership & Fellowship 훈련 • 선교지에서의 자기 관리(건강, 시간, 재정)
Basic Training 기본 훈련	**Creative** 창의성 훈련 Training for Creativity	CAN 지역에서 접촉점을 만들 수 있는 창의적 도구 습득	• 음악(악기, 작사, 작곡 등) • 시각적 예술(그래픽, 인테리어, 사진 촬영, 동영상 제작 등) • 요리(한국 음식, 커피 등) • 춤 • 공예(액세서리, 화장품 등)
	Access 접근 훈련 Training for Access	그 땅의 이방인으로 사람들에게 접근해 만남, 초청, 친구 사귀기에 대한 훈련	• 접근을 위한 이벤트 기획 및 실행 • 일상을 통한 친구 만들기 • 카페를 통한 접근 • 온라인을 통한 접근
	Nations 지역 훈련 Training for Cross Culture	그 지역을 리서치하고 이해하며 적응하고 기도하며 섬기는 훈련	• 리서치 훈련 • 언어 적응 훈련 • 문화 적응 훈련
Application Training 응용 훈련	**Brand** 비즈니스 훈련 Training for Brand Business	브랜드 비즈니스를 이해하고 기획, 운영, 확장에 참여하는 훈련	• 비즈니스 기본 콘셉트 훈련 (마케팅/브랜딩, 영업, 재무, 인사, 오퍼레이션 등) • 비즈니스 기획
	As 융합 훈련 Training for Nexus	이질적 존재를 상호배타적이 아닌 상호보완적으로 연결, 결합 통합해 낼 수 있는 훈련	• 공동체, 연합 훈련 • 융합 패러다임 훈련 • 융합 기획 훈련 • 고정관념, 선입견을 넘어 본질을 보는 훈련
	Mission 미션 훈련 Training for Mission	대상자에서 복음을 전하는 훈련	• 카이로스 프로그램 • 개인 전도 • 가정 교회를 통한 전도 • 전도 프로그램 운영 / 단기팀과의 동역 전도

당신은 이 세상에 축복의 다리가 되어주세요

지극히 작은 한 분 당신을 통해 주님께 오도록

당신을 통해 한 사람 주님과 걸어가고

주님과 노래하고 주님의 얼굴 보도록

……

— 「축복의 다리」 중에서

PART 5

**창조선교로 만들어 가는
땅끝 공동체**

하나님의
셰프

복음을 전하는
결정적 순간

● "오빠, 말레이시아엔 왜 왔어요?"

2011년부터 많이 들어 온 질문이다. 나를 오빠로 부르기에는 내 딸과 나이 차이가 얼마 안 나는 현지 대학생들이 이렇게 질문하곤 한다. 이제 알고 지낸 지 1년 이상이 되어 가는 친구들의 눈에는 내가 좀 독특해 보이는 것 같다.

나는 스스로를 '다리 카페 셰프'라고 소개한다. 처음에는 젊은 친구들이 그냥 그런가 보다 한다. 그런데 그들을 전도 모임에 초대하기도 하고, 거기서 악기도 다루고, 또 노래를 부르기도 한다. 대화를 하며 나를 알아갈수록 왠지 평범한 주방장 같지는 않은 모양이다. 그래서 그런 질문을 하는 것이다.

초기에 이 질문을 받았을 때는, "아이들 교육 환경이 괜찮아서 교육시키려고 왔다가 사업을 시작했어" 하고 대답하곤 했다. 그러면 그들은 그런가 보나 하면서도 약간 실망한 표정을 지었다. 뭔가 더 재미있는 이야기를 기대한 눈치였다. 이팅이라는 친구가 같은 질문을 어렵게 꺼내 놓았던 적이 있다. 개인적인 것을 묻는 것이 실례라고 생각했는지, 질문을 하고도 약간 어색해했다. 그때 나는 하나님이 순간적으로 부어 주신 마음으로 이렇게 대답했다.

"I came to Malaysia to meet you(나는 널 만나기 위해 말레이시아에 왔어)."

그때의 내 표정을 상상해 보면, 눈은 미소 짓고 있었고 입은 다부졌지만 진실하게 긴장됐었던 것 같다. 뭔가 속마음을 고백하는 진지함 같은 것이랄까.

이팅의 눈이 동그래졌다가 금세 미소를 되찾았다.

"진짜요?"

이제 진짜 나의 메시지를 전할 수 있는 '결정적 순간'이 왔다.

"응, 진짜야. 너희를 만나고 싶어서 말레이시아에 온 거야. 난 크리스천이잖아. 내가 너희 나이 때에 만났던 예수님을 너희한테도 소개해 주고 싶어서, 그래서 여기서 카페를 운영하고 있는 거야."

'아, 그렇구나……' 하는 표정이 스친다.

결정적인 순간이 오면, 이렇게 예수 그리스도에 대해 좀 더 깊이 나눈다.

대학생들과 관계가 형성되기 시작하면서부터 그들과 더 깊은 사랑에 빠졌다. 자주 오는 친구들을 특별한 자리로 초대하고 싶었고, 그 자리를 통해 '생명의 복음'을 전해 주고 싶었다. 그렇게 시작된 것이 '창조선교'다.

'사랑'을 하면 창의적이 된다

대학교에 다니던 시절, 창세기 1장 1절을 마음 깊이 품은 적이 있다.

"태초에 하나님이 천지를 창조하시니라"(창 1:1).

주변에서 일어난 어려운 일들 때문에 마음이 혼돈 속에 있을 때, 하나님은 이 말씀을 통해 내 안의 창조 질서를 다시 잡아 주시곤 했다.

나는 '창조주'이신 하나님이 좋다. 만약 하나님이 원래부터 존재하던 우주 가운데서 그저 사람의 생사화복을 주관하는 '매니저'와 같은 신이었다면, 믿음을 갖지 않았을지도 모른다. 그러나 하나님은 온 우주를 창조하시고, 인간을 만드신 분이다. 창조물을 알아갈수록 '하 디자이너님(?)'을 향한 경외와 사랑이 깊어진다. 사실 나는 '창조'에 좀 집착하는 면이 있다. 이 책에서 사용 중인 내 필명은 '말레이시아에서 창조적인 선교를 하고 있는 마창선'이다.

2000년, 첫째 임신 초기에 아내와 나는 태명이 '꿈'이었던 딸아이의 건강과 산모의 건강을 위해 기도하고 있었다. 어느 정도 건강에 대한 의사의 확진이 나온 이후부터는 하나의 기도에 집중했다. '창조적인 아이'가 되게 해달라는 기도였다.

기획을 플래닝(Planning)이라고도 하지만 디자인(Design)이라고 부르기도 한다. 새로운 것을 창조하고 계획해내는 것이 내 직업이었다. '창의'는 새로운 것을 만들려는 의도와 성향이지만 '창조'는 새로운 것을 만들어 내는 행위이다. 창의만으로는 창조가 불가능하다. 창의에서 창조로 가기 위해서는 능력이 필요하다.

창의는 '사랑'에서 나온다. 사랑을 하면 창의적이 된다. 사랑의 대상에게 뭔가 좋고 새로운 것을 만들어 주고 싶은 아이디어와 의도가 용솟음친다. 창조는 '사랑'과 '능력'을 더해야 나온다. 창조는 아이디어와 의도를 실천하고 실현해 결과를 만들어 내는 것이다. 그래서 나는 하나님의 창조가 좋다. 인간을 이처럼 사랑하실 뿐만 아니라, 인간을 위해 우주를 만드는 능력을 갖추시고 실행하신 것이기 때문이다.

우리는 '하나님의 형상'으로 창조된 존재이다. 그 형상, 그 성품, 그 능력 등 '창조'를 빼고는 하나님을 설명할 수 없다. '창조'를 빼고는 인간도 설명할 수 없다. 그래서 창조하는 것은 하나님의 형상을 회복하는 일이다.

나는 창의적 접근 지역(Creative Access Nations)에 와 있다. 당연히 이 지역에서는 창조적 선교(Creative Mission), 즉 창조선교가 이루어져야 하는 것이다.

하지만 막상 선교지에 뿌리를 내리면 창조적으로 사역하기가 쉽지 않다. 나도 처음에는 왜 창의적 접근 지역에서 창조적 선교가 많이 일어나지 않는지 궁금했다. 그러나 선교지로 삶의 터전을 옮기고 나니, 단기 선교로 올 때는 보이지 않던 것들이 눈에 들어왔다. 우선 선교 대상자들에 대한 '뜨거운 사랑'을 유지하기가 쉽지 않았다. 단기 선교 때는 피상적인 사랑을 할 수 있었다. 멀리서 바라보며 그저 가슴앓이 수

준의 사랑에 가슴 시린 경험을 했다. 짝사랑이나 연애하면서 하는 사랑보다 결혼 후 수십 년간 그 사랑을 지키는 것이 더 어려운 법이다. 그처럼 막상 전도의 대상들과 깊이 만나고 함께 살아가니 금새 안주하게 되었다. 그 가슴앓이가 실종된 것이었다. 깊이 사랑하려면 말이 통해야 하는데, 그렇지 못하다 보니 마음을 나누는 데도 한계가 느껴졌다.

또 하나는 '능력'의 문제이다. 한국에서는 노래도 만들고, 브랜드도 만들고, 이벤트도 만드는 등 나름 한 창조한다고 생각했었다. 교회에서도 찬양 팀을 이끌며 뮤지컬도 만들고, 방송도 진행해 보았다. 그런데 낯선 이방인으로 이 땅에 오니 그 전투력이 반의반으로 줄어든 느낌이었다.

하지만 내 사랑, 내 능력에 의지하지 않으며 그분의 사랑과 능력을 구하니 길이 열리기 시작했다. 아이러니하게 2007년에 만들었던 코티니 브랜드가 '주방'을 콘셉트로 한 브랜드였다. 모티브의 시작은 주방이 '여성들의 가장 창조적인 작업 공간'이라는 아이디어였다. 주방! 하나님이 미리 복선을 깔아 두신 것이다.

다리 카페를 오픈하며 주방은 '나의 가장 창조적인 작업 공간'이 되었다. 음식도 만들었지만, 숙달되어 갈수록 주방에서 야채를 썰면서 노래를 만들기도 하고, 전도 이벤트를 기획해 내기도 했다. 많은 경우 홀에서 이벤트를 하면 5초 전까지 음식을 하다가 뛰어나가 노래를 부르곤 했다. 새로운 땅에서 새로운 창조의 능력이 발휘되기 시작한 것이다.

카페에서 대학생들을 만나면서 그들에 대한 사랑도 회복되어 갔다.

그 만남에 대한 설렘도 커져 갔다. 대학생 아르바이트 직원과 주방에서 함께 얘기하고, 음식이 나가는 작은 창문을 통해 학생 손님들과 인사했다. 커피를 만드는 바에 있었던 아내가 학생들과 더 많은 교제를 나누었지만, 나도 시간이 날 때마다 나가서 그들과 대화를 시도했다. 결과적으로 창조선교는 주방에서 시작된 것이다.

말레이시아 다스의 3평짜리 주방에서 시작된 창조선교는 땅끝을 향하고 있다. 땅끝이라 하면 많은 사람들이 아마존의 밀림, 아프리카의 초원, 아라비아의 사막, 네팔과 남미의 고산지대 같은 이미지를 떠올릴 것이다. 그러나 각자 소명으로 주신 땅끝이 다를 수 있다. 내가 품고 있는 땅끝은 가장 극렬하게 복음이 거부되는 나라의 도시들이며, 그곳에 있는 대학 캠퍼스이다. 이미 전 세계 인구의 반 이상이 도시에 거주하고 있다. AD 100년에는 1% 미만, 1800년에는 5%였던 도시인구가 급속한 산업화를 거쳐 50%를 넘어선 것이다. 향후 이 비율은 70% 이상으로 증가할 것이라고 유엔을 통해 예측되고 있다.

말레이시아만 보더라도 대부분의 선교사가 도시에 거주하고 있다. 자녀 교육, 치안, 교통 문제 등을 종합적으로 검토해 내린 결정일 것이다. 하지만 역설적으로 도시를 타깃으로 한 사역은 많이 이루어지지 않고 있다. 시도된다 해도 돌파가 안 되는 경우가 많다. 이는 도시의 삶을 함께 영위하지 않으면 사람들을 만날 수 없는 한계 때문일 것이다.

목회자나 선교사가 직업일 수 없는 나라에서 직업이 없다는 것은 도시적 일상이 없다는 것과 같은 의미이다. 카페의 주방장으로는 수없이 많은 사람을 만날 수 있지만, 선교사로는 많은 사람을 만날 수 없다. 만난다 하더라도 자신의 일상을 오픈하지 않는다면 더 깊은 관계로 나아가기 어렵다.

창의적 접근 지역에는 창조적 선교 사역이 필요하다. 이를 통해 도시를 살아가는 선교사의 일상이 만들어져야 한다. 그렇게 했을 때 비로소 '창조적으로 접근해야 할 선교 대상자들'이 보일 것이다.

하늘 공동체, 다리 커뮤니티 센터

'하나님, 카페만으로도 허덕이는데 또 일을 벌여야 하나요? 그냥 안 하면 안 될까요?'

2011년 6월에 드린 기도였다. 카페를 준비하면서부터 주셨던 마음이 커뮤니티 센터였다. 카페를 오픈하고 몇 개월이 지나가면서 이 부담이 점점 더 커져 갔다. 힘든 주방 일과 아내의 건강 악화로 마음에 여유가 없었기 때문이다. 카페 2층에서 10개월을 살다 보니, 피로가 누적되고 있었다. 마음 깊은 곳에는 선교의 소망이 있었지만 내 곁 사람은 피할 길을 찾고 있었던 것 같다.

'그럼 하나님, 저기 저 집, 카페에서 1분 거리에 있는 저 집을 우리가 쓰도록 해주시면 응답으로 알고 준비할게요.'

그 집은 친한 한인 교회 집사님이 살던 집이었다. 그분이 두 달 후인 8월에 한국으로 가신다는 소식을 들은 적이 있었다. 그때의 재정 형편으로는 턱도 없는 소원이었다. 그래도 떼를 쓰다시피 기도를 하고 나니 마음은 편해졌다. 하지만 집사님을 만나 가능성을 타진해 보니 조건이 맞지 않았다. 이미 그 집으로 오겠다고 줄을 서 있는 사람들이 있었고, 인도에 있는 친동생 가족이 이주할 예정이라고 했다. 하는 수 없이 집 문제를 포기하고 2개월을 보냈다.

그런데 나중에 그 한인 교회 집사님이 카페에 찾아와 진지한 표정으로 말을 던지셨다.

"집 때문에 계속 기도하는데, 하나님이 선교사님들한테 인계하라는 마음을 계속 주시네요. 아무래도 선교사님이 이 집을 넘겨받아야 할 것 같아요."

떼를 쓴 기도는 그렇게 이루어졌다.

카페 2층에 사는 동안, 교회에 달린 사택에 사는 목사님들의 애로 사항을 잘 느낄 수 있었다. 퇴근이 없고 사생활이 없었다. 카페 2층에서 쾌적한 집으로 옮기니 새로운 일을 시작할 에너지가 생기고, 동기부여가 되었다.

2011년 10월 10일은 카페 오픈 1주년이 되는 날이었다. 우리는 카페 2층에 커뮤니티 센터를 열었다. 한국에서 신촌중앙교회 청년부 단기 선교 팀이 와서 공사를 도왔다. 미국에서 오신 존 사장님과 더글라스 선생님도 웃통을 벗고 가구에 페인트를 칠하셨다. 이분들의 도움으로 40평 남짓한 아름다운 공간이 만들어졌다. 이때부터 더글라스 선생님의 아내인 비키 선생님이 본격적으로 우리와의 동역을 시작했다.

하드웨어가 준비되자, 소프트웨어가 필요했다. 커뮤니티 센터의 활동은 '코리안 커넥션'(Korean Connection)이라는 이름으로 진행하기로 했다. 각각 한국어 수업, 수공예, 그림, 한국인 자녀들을 위한 중국어 커뮤니티 등이 시작되었다. 5B2F(오병이어)라는 봉사 커뮤니티 활동도 시작되었다. 이런 커뮤니티를 통해 고객들과 장기적인 관계를 만들어 갈 수 있었다.

카페가 비즈니스 파트라면 커뮤니티 센터는 미션 파트에 가까웠다. 2층에 들어가는 비용은 최대한 2층에서 충당할 수 있도록 하고 있다. 하지만 문화 교실 형태의 커뮤니티는 사실 수익이 나는 비즈니스가 아니다.

이곳에서는 한국인 동역자들의 새벽 기도 모임과 주간 기도회가 열린다. 전도 행사를 하기 위한 작업실로도 사용되고, 찬양과 댄스 연습장으로도 활용된다. 사역을 위한 전초기지 역할을 톡톡히 하게 된 것이다. 또한 이 공간이 활성화되면서 귀한 동역자를 많이 만나게 되었다.

창조선교를 위한 연합 전선

커뮤니티 센터를 시작하면서 동역자들이 모이기 시작했다. 지금은 각기 다른 파송 단체(GP, Arise Mission, yCBMC 등)와 교회에서 온 다섯 가정과 1년을 헌신한 4명의 단기 봉사 청년(새벽이슬)이 함께 사역하고 있다.

안타깝게도 학부와 신대원에서 신학을 전공한 선교사님들은 창의적 접근 지역에서 '고솔'이 된다. 신학을 전공한 사실을 철저히 숨겨야 한다는 뜻이다. 현재 함께 사역하는 동역자들 중에 세 분의 목사님이 있지만 그분들은 학부부터 신학을 전공한 것이 아니라 다른 전공을 하고, 사회 생활 중 목사가 되었기 때문에 고졸로 신분을 감춰야 할 일은 없다. 다섯 가정 모두 다양한 은사를 가진 전문인들이 포함되어 있다. 세 가정은 미국에서 파송받아 왔고, 두 가정은 한국에서 파송되었다. 1년 단기로 온 4명의 청년들 중 한 명은 전문 댄스 선생님이다.

창조선교를 하기 시작하면 창조적인 사람들이 모이고, 창조적인 은사가 발휘되기 시작한다. 처음에 만난 비키와 더글라스 선생님 부부는 미국 파슨스에서 미술을, 콜롬비아대학에서 MBA를 공부한 분들이다. 미국에 본사를 두고 있는 회사가 다스에 공장을 만들면서 지사장으로 파견된 것이다. 미국에 있는 유일한 새터민 교회를 섬기다가 파송을 받고 다스로 왔다. 뉴욕의 상류층으로 살다가 하나님의 강력한 훈련을 겪은 덕분인지, 그 겸손함과 섬김은 감히 세계 최고라 할 수 있다.

5B2F를 통해 고아원 사역을 시작하면서 두 분과 동역하기 시작했다. 그분들의 영혼을 향한 열정과 눈물을 보며 선교사로서의 기본을 다시 배우게 되었다. 다른 선교사를 돕는 것이 본인의 소명이라고 입버릇처럼 얘기한다.

"저를 통해 단 한 명의 영혼이라도 하나님을 만난다면 그걸로 충분해요."

이미 그분들을 통해 많은 영혼이 하나님을 만났다. 하지만 그분들은 오늘도 한 영혼에 집중하고 있다. 행동으로 말하고, 기도로 일하는 분들이다.

커뮤니티 센터의 메인 프로그램인 한국어 클래스를 시작하며 에스겔, 애나 선생님 부부를 만났다. 에스겔 선생님은 학부에서 영어 교육을 전공했고, 서울대 한국어학당에서 한국어 교원 자격증을 딴 분이다. 이미 수년간 대학에서 영어와 말레이어로 한국말을 가르쳤다. 다스로 지역을 옮기라는 마음의 감동을 받고, 2012년 이사한 뒤부터 우리와 동역하게 되었다. 한국어 커뮤니티에서 학생을 가르치고, 지금은 기숙사 사역을 맡아 매일 아침 QT와 주중 1회 진행되는 제자 훈련을 진행하고 있다.

나는 말씀 사역에 약한 편이라 에스겔 선생님이 많은 부분을 담당해 주신다. 에스겔 선생님이 말씀을 전하는 모습을 보면 존경심과 시샘이 동시에 생길 정도지만 나는 나의 소명, 주방에 충실할 뿐이다.

요셉 선생님 부부는 2013년 초에 만났다. 미국에 회계학을 전공하러 가서 10년간 영어와 회계학을 공부하다 결국 하나님을 만나 신학을 공부했다. 미국에 있는 한인 교회에서 파송을 받았는데, 정착을 도와주는 말레이인이 우리 카페를 소개해 주었다고 한다. 몇 번의 우연한 만남 후에 조금씩 동역을 하게 되었다. 지금은 2대 주방장을 역임하고 있고, 2015년에 두 번째 대학에 베이스를 개척하기 위해 준비하고 있다. 노아 댄스 팀 사역의 지도 목사로도 활동 중이다. 늦바람 난 순전한 믿음이 얼마나 무서운지, 제대로 믿은 지 얼마 안 되어 신학교를 졸업하고 선교사로 나왔다. 새벽 기도를 사모하고, 그 바쁜 와중에도 가정 교회 개척을 위해 전도 대상자를 찾아다니고 있다. 그 가정은 유일하게 우리보다 젊은 가정이다.

2014년 초에는 문 목사님 가정이 다스로 이사 왔다. 남편인 존 문 선생님은 더글라스 선생님 회사의 본사 CEO다. 아내인 문 목사님은 미국에서 새터민 교회 목회를 하다가 다스로 가라는 마음을 받고 오게 되었다. 그분으로 인해 커뮤니티 센터의 새벽이 뜨거워졌다. 매일 아침 선교지의 새벽을 깨우고 새벽 기도회를 인도하시는 모습은 결국 기도를 통해 이 땅이 변화되리라는 확신을 갖게 한다.

그 밖에도 주간 기도 모임을 함께하며 부분적으로 동역하는 분들도 있다. 내가 하는 중요한 일 중 하나는 그분들에게 대접할 식사를 준비하는 것이다.

하루는 요셉 선생님이 물었다.

"어떻게 이런 좋은 분들하고 동역을 하세요? 대개 선교지에서 한국 선생님들끼리 동역이 잘 안 된다고 하던데……."

"저는 하는 일 없어요. 그냥 열심히 밥만 하면 돼요. 괜히 앞에서 리더십 발휘한다고 설치지 않고요."

그렇다. 나는 그분들을 섬기는 것이 좋다. 그분들과 다리 카페를 통해 섬기며 일하는 것이 정말 좋다. 사실 우리는 소속도 정확하지 않다. 요셉 선생님은 회사에 소속되어 비자를 받았지만, 다른 분들은 각자의 파송 단체가 있다. 소속이 명확하지 않기 때문에 언제든 그만둘 수 있고, 강제 조항도 없다. 사실 사역에 대한 규정도 명확히 없다. 그런데도 매일 새벽에 모여 기도하고, 매주 모여서 기도하고 회의를 한다. 누구의 일이 아니라 그저 하나님의 일이라는 마음으로 그 많은 일들을 섬기고 있는 것이다. 이름을 내세우는 일도 없다. 소속 선교회 간의 이해 관계도 없다. 그저 예수 승리를 위한 연합군이고, 지극히 작은 일을 위한 동역자일 뿐이다.

카페를 세운 입장이지만 내가 우리 공동체의 대표라고 생각해 본 적도 없다. 조금 더 아이디어를 내고 은사대로 일을 기획해 나가긴 하지만, 하다 보면 결국 밥하는 일이 가장 중요하다는 것을 느낀다. 지극히 수평적인 구조다. 그렇다고 의사소통이나 의사결정이 힘들지도 않다. 단체 메신저를 통해 수시로 격려하고 위로하고 소통한다. 중요한 의제가 있을 때도 기본적인 신뢰가 큰 자본이 되어서 쉽게 의사결정이 이루어진다.

2015년 안에 두 번째 선교 베이스를 개척하려 한다. 아마 요셉 선생님이 이 문화를 그대로 배워 갈 것이다. 먼저 섬기면 동역이 되고, 끝까지 섬기면 가족이 된다. 아마 다스의 본부와 두 번째 선교 베이스도 비슷한 관계가 될 것 같다. 뭔가 느슨해 보이지만 끈끈한, 규칙이 없는 것 같지만 일의 속도는 빠른, 사람 중심이지만 효과적으로 일이 이루어지는 조직. 다소 이상적이지만 이런 유기체가 다리 공동체가 추구하는 사역 모델이다.

다행히 동역자의 절반이 미국에서 오신 분들이다. 수평적인 사고가 상식인 분들이라 한국 교회의 수직적 경직성과는 거리가 멀다. 나도 권위적이지 않은 담임 목사님께 배워서 그런지 수평적 섬기는 리더십에 익수하다. '창조'를 방해하는 장애물은 권위주의, 수직적 상하 조직, 경직된 문화, 상대적인 것을 절대화하는 잘못된 전통 등이다. 머리 되시는 예수 그리스도의 명령을 실천하는 지체 의식이 필요하다. 머리 이외의 모든 지체는 수평적이다.

반대로 올바른 사역을 방해하는 것은 개인주의, 네트워크와 연합을 방해하는 이기주의, 절대적인 것을 상대화하는 자유주의 신학과 인본주의 등이다. 이 또한 머리이신 예수 그리스도를 인정하지 않고, 지체 의식을 깨는 바이러스이다.

창조적인 선교를 하기 위해서는 창조적인 연합이 이루어져야 한다. 나는 다리 공동체가 참 좋다. '나한테 왜 이렇게 잘해 주시지?' 하는 의문이 들 정도로 이유 없이 순수한 섬김으로 무장되어 있는 동역자님들이 참 고맙다.

"너희가 서로 사랑하면 이로써 모든 사람이 너희가 내 제자인 줄 알리라"(요 13:35).

"그의 안에서 건물마다 서로 연결하여 주 안에서 성전이 되어 가고 너희도 성령 안에서 하나님이 거하실 처소가 되기 위하여 그리스도 예수 안에서 함께 지어져 가느니라"(엡 2:21-22).

드디어 시작된 제자 훈련

커뮤니티 센터를 통해 본격적인 사역이 이루어지기 시작했다. 우리 대학 안에 있는 크리스천 그룹과도 본격적으로 동역을 하게 되었다. 매달 한 번씩 카페와 커뮤니티 센터에서 전도 모임을 갖는다. '코리안 파티'라는 이름으로 함께 한국 음식을 먹고, 「당신은 사랑받기 위해 태어난 사람」을 부르고, 마술 공연을 곁들여 전하는 복음을 듣는다.

2012년에는 복음을 영접할 수 있는 라이프 캠프가 열렸다. 60명의 우리 대학 학생이 이 캠프에 참가했다. 이렇게 캠퍼스의 부흥은 조금씩 시작되고 있었다.

2013년에는 새로운 마음을 주셨는데, 부흥의 주인공들을 훈련시킬 기숙사를 여는 것이었다. 4월에 들어오는 신입생 중 9명을 2년 4개월간 훈련시키는 센터다. 하드웨어가 하나씩 늘어날 때마다 인간적인 부담감도 커졌다. 우리 대학교는 기숙사 시설이 없다. 그래서 많은 학생들이 주변에 있는 주택이나 아파트를 공동으로 빌려 자취를 한다. 기숙사 건물은 임대료를 내고 빌려야 하기 때문에 입주가 제대로 안 될 경우에는 우리가 재정을 채워 넣어야 했다.

동역하고 있던 우리 대학 내 크리스천 모임 지도 교수님께 얘기하고 함께 기도했다. 얼마 후 교수님은 한 말레이시아 여성 사업가를 소개해 주었다. 람 여사는 우리 학교 근처에 10개의 호스텔을 운영하고 있는 분이었다. 신실한 크리스천인 이분은 예전부터 자신이 운영하는 호스텔 학생들에게 복음을 전하고자 노력해 왔다면서 우리의 계획을 환영했다.

"그럼 제일 중앙에 있는 호스텔 하나를 먼저 기숙사로 운영해 볼까요?"

"그럴 수 있으면 저희는 좋죠. 그런데 기숙사비는 얼마면 좋을까요? 월 4만 원에서 6만 원 정도면 좋겠는데요."

"그건 좀 이해할 수 없네요. 싸다고 해서 안 들어올 사람이 들어올까요? 제 생각에는 10만 원 정도는 되어야 할 것 같은데요. 지금도 그 정도로 방을 빌려 주고 있고요."

하드웨어를 그분이 관리하시고, 소프트웨어인 훈련과 전도 프로그램을 우리가 진행하는 역할 분담에는 쉽게 동의가 되었다. 그러나 서로 생각하는 기숙사비에서 의견 차가 생기자, 서로에 대한 약간의 오해 가운데 미팅이 끝났다. 처음에 우리는 그분이 기숙사를 통해 돈을 벌려 한다고 생각했다. 반면에 우리는 자유가 제한되는 훈련 강제 조항 때문에 기숙사비가 좀 저렴하게 책정해야 신청자가 있을 것으로 판단했다. 훈련을 위한 비용과 월 인터넷 비용도 우리가 내주기로 했다.

고민 중에 이 문제를 다른 동역자들과 상의하게 되었다.

"비키 선생님, 저는 이분하고 같이 못할 것 같아요. 너무 대놓고 돈을 벌려고 하시는 것 같아요."

"마 선생님, 그래도 조금만 더 기도해 봐요. 왠지 이대로 끝내면 안 될 것 같은 느낌이에요."

우리는 며칠 시간을 갖고 기도하기로 했다.

"마 선생님, 기도 중에 그분의 생각을 존중해야 한다는 마음이 들었어요."

"비키 선생님이 그러시면 저는 그냥 따라가야지요."

나중에 안 것이지만, 그분 역시 기숙사비로 돈을 벌 생각은 아니었다. 다만, 학생들에게 더 좋은 환경을 제공하려면 너무 빠듯한 재정 구조로 가면 안 된다는 생각이었던 것이다. 그리고 입주가 안 되었을 경우 손해를 감수해야 하는 부분도 있었기 때문이다. 나중에 실제 기숙사 사역이 시작되자, 람 여사는 매주 성경 공부 때마다 저녁 식사를 준비해 오셨다. 전도 집회를 할 때는 70인분 이상의 음식을 준비했다. 받은 기숙사비로는 감당이 안 될 정도로 많은 것을 감당하고 섬겨 주신 것이다. 학생들을 향한 사랑은 우리 선교사들 이상이었다.

그렇게 기숙사가 시작되었다. 호스텔을 꾸밀 날짜를 정하고 필요한 것들을 준비했다. 아무리 크리스천 친구들을 입주시킨다고 하지만, 큐티(Quiet Time)의 개념도 없는 이곳에서 매일 큐티를 하고, 제자 훈련과 전도 행사 등을 진행하는 것은 무리일 것 같았다. 서너 명이라도 입주를 신청할지 부담도 되었다. 서너 명이라도 정말 제대로 훈련시키면 그다음 해에는 더 많은 학생이 들어오리라는 작은 믿음을 가졌다. 하지만 하나님의 생각은 우리와 달랐다.

결과부터 말하면 8명 정원에 9명의 학생이 입주를 했다. 매일 아침 큐티는 여전히 힘들어한다. 하지만 그들은 부흥 세대로 거듭나고 있다. 성경을 공부하는 것만으로는 이런 변화가 불가능할 것이다. 성경대로 사는 것을 보여 주는 에스겔, 비키 두 분의 선생님이 계셔서 가능한 변화였다. 학생들은 두 분을 아빠, 엄마처럼 따르는데, 때로는 선물 공세를 하기도 하고, 불쑥 방문해 밥과 수영장을 요청하기도 한다. 하루에도 단체 메신저에 수많은 글들이 올라오고, 매주 암송할 성경 말씀과 간증이 오간다.

대학에 있는 많지 않은 크리스쳔 학생들은 대부분 모태 신앙이다. 대학교 때 전도를 받아 신앙생활을 하는 경우는 많지 않다. 교회들이 있지만 교회학교의 체계가 약한 교회가 많다. 체계적인 신앙 훈련을 받아 본 학생이 거의 없었다. 기숙사 학생들은 뒤늦게 자신의 신앙 성장은 물론, 전도하는 법을 배우고 실천한다.

한 달에 한 번 정도 진행된 전도 초청 모임에 많게는 150명의 친구들이 초청되기도 한다. 먹이고, 나누고, 보여 주고, 가르치는 것이 바로 예수님의 제자 훈련 방법이다. 이런 귀한 일들이 기숙사를 통해 일어난다.

지금의 기숙사 학생들은 모두 화교, 즉 중국계 말레이인이다. 이 학생들은 보통 중국어, 영어, 말레이어 등 3개 국어를 한다. 중국어도 호켄어와 만다린어가 모두 가능하니 실질적으로는 4개 국어를 하는 것이다. 이로써 그들은 총 26억의 인구와 소통할 수 있는 것이다(중국어 10억, 영어 14억, 말레이어/ 인도네시아어 2억 등). 나는 이들에게서 선교의 미래를 본다. 이들은 전 세계에 퍼져 있는 화교 네트워크와 연결돼 있기도 하다. 이 사회에서 함께 살고 있는 이슬람 문화와 힌두 문화에도 이미 적응되어 있다. 다문화, 다언어, 다종교 사회에 대해 네이티브인 셈이다. 다언어를 경험했기 때문에 한국어 등 또 다른 언어의 습득도 빠르다.

말레이시아의 화교는 대체로 부유하다. 아직 많은 선교사를 파송하지 않았지만, 현지 교회도 선교 후원 능력이 있다. 실로 엄청난 잠재력이다. 이들이 훈련되어 전 세계로 나아간다면 땅끝의 부흥이 일어날 수 있다.

"하나님, 이들을 사용하여 주소서. 이들을 일으켜 주소서!"

고마운 한류, 선교를 부탁해

"앗, 한국인이다!"

말레이시아 관광지를 다니다 보면 세계 각국에서 온 사람들을 만날 수 있는데, 특히 말레이시아 지방 도시나 중동에서 온 사람들은 우리가 한국인이라는 것만으로 흥분한다. 드라마에서 들은 인사 한두 마디를 건네며 네이티브 한국인의 화답을 받고 싶어한다.

"안녕하세요?"

"네, 안녕하세요?"

"저는 사우디에서 왔습니다."

"네, 반갑습니다."

"까르르, 대박, 진짜?"

아는 단어가 총동원된다. 예능 프로그램이 한류의 한 축을 담당하면서 '대박', '헐', '진짜' 이런 단어도 많이 알고 있다.

온몸을 검은 천으로 두르고, 세상과는 담을 쌓은 것 같은 이들도 한국 드라마의 열성 팬이다. 함께 사진을 찍으면 그렇게 좋아하고, 한류 스타도 아닌 내 사인을 믿으려 한다. 한민족 5천 년 역사 가운데 이토록 전 세계에 큰 영향을 미친 적이 있을까? 한국의 경제 발전과 함께 기독교의 부흥이 일어났다. 원조를 받던 나라에서 원조하는 나라로, 선교를 받던 나라에서 선교사를 파송하는 나라로 발전했다.

말레이시아에서 한류의 영향력은 생각보다 더 막강하다. 대학생들은 K-POP을 절대적으로 많이 듣고, 매일 한 편 이상의 한국 드라마를 본다. 준이라는 친구는 K-POP 댄스를 연습해 동영상을 찍어 유튜브에 올리는 것이 취미이다. 페이스북에도 한국말과 영어, 때로는 중국어로 포스팅을 한다.

커뮤니티 센터를 오픈한 후 한류를 우리에게 주신 하나님의 뜻을 많이 깨닫게 된다. 서양의 기독교는 제3세계에서 제국주의 지배 세력의 종교이다. 하지만 한국의 기독교는 제국주의에 대항한 독립 세력, 민족 세력의 종교이다. 덕분에 제3세계 사람들은 한국 크리스천에게 관대하다. 함께 침략당했고, 함께 독립한 동질성을 지니기 때문이다. 일본인이나 중국인들에게서 느끼는 감정과는 다른 무언가가 있다.

한류가 제3세계에 급속도로 퍼진 것은 이런 역사적, 감정적 장벽이 없기 때문일 것이다. 1900년대 초에 제국주의에 의해 지배를 당하고, 1950년대에 엄청난 전쟁을 겪은 나라, 1970년대까지 비슷한 수준으로 못살던 나라가 지금은 세계 15대 경제 규모로 월등히 성장했다. 이들에게 대한민국은 동질감을 지닌 나라인 동시에 성장의 모델이 되는 나라이다. 특히 문화적 영향력이 커지면서 동경의 대상이 되었다.

한국 남자는 다 이민호처럼 멋있고 배용준처럼 친절한 줄 안다. 웬만한 한국 여자는 소녀시대처럼 예쁘고 춤을 잘 춘다고 생각하기도 한다. 100명의 대학생에게 여행 기회가 생긴다면 한국과 일본 중 어디로 가고 싶은지 물으면 99명은 한국을 답한다. '안녕하세요'는 나의 어린 시절 '굿모닝'만큼이나 친근한 인사다.

다스에도 한국 음식점이 10개 정도 있는데, 매년 증가 추세다. 하지만 일식집은 이미 100개, 아니 200개쯤은 있는 것 같다. 그만큼 한국 문화에 대한 수요가 많은 반면 공급이 적은 상태라 기회의 공간이 존재한다는 뜻이다.

한류는 하나님이 대한민국에 주신 엄청난 선교의 기회이며 한국 교회와 선교사에게 주신 드라마틱한 복선이다. 우리는 이를 선하게 활용해야 한다. 이미 많은 대기업들이 한류 문화 현상에 편승해 전 세계 시장을 개척할 계획을 세우고 있다.

한류를 만들어 내기까지 대중문화인들의 엄청난 창조적 노력이 있었다. 한류를 전파하기 위해 많은 재원과 인력을 해외로 보냈다. 확신을 가지고 지속적으로 집단적 노력을 기울인 덕분에 얻은 성과다. 우리는 그들의 노력에 감사해야 한다. 크리스천인 우리도 더 창조적이 되어야 하고, 더 지혜로워야 한다. 닫힌 문을 두드리고, 얼어붙은 마음을 녹여야 한다. 이를 위해 모든 가용한 도구를 사용해야 한다.

앞으로 적어도 10년은 한류의 흐름을 선교에 활용할 수 있다. 선교를 빙자해 한류 문화가 오용되도록 해서는 안 된다. 오히려 양질의 한류 문화 전파에 선교사가 작은 도움이라도 보태야 한다. 한류가 우리에게 주신 기회라고 믿자. 그리고 더 주도적으로 활용하고, 하나님의 뜻대로 쓰임 받도록 기도하자. 이것이 대한민국에 한류 문화를 허락하시고 맡겨 주신 하나님의 뜻이라 믿는다.

노아 댄스 팀, 새로운 방주를 짓다

"노아를 통해 하나님을 찬양하는 댄스를 배울 수 있어서 정말 감사해요."

"(한국말로) 노아 진짜 좋아요!"

노아의 공개 댄스 클래스가 끝난 후 학생들을 인터뷰했다. K-POP 댄스와 흡사한 댄스를 「예수 사랑하심은」이라는 찬양으로 배웠다. 두 시간의 강습이 끝난 후에도 100여 명의 청소년들과 대학생들의 입가에서는 웃음이 떠나지 않았다. 클래스가 끝난 후에도 집으로 갈 줄 모르고, 노아 대원들과 사진을 찍고 페이스북 주소를 공유한다. 강습 끝부분에 있었던 미니 콘서트는 열광의 도가니였다. 50여 명의 불신자들도 함께한 행사였다. 「쏘리 쏘리」, 「노바디」, 「강남 스타일」로 이어지는 K-POP 메들리가 끝나고, 몇 곡의 노아 찬양과 댄스가 이어졌다.

● 노아 말레이시아 지부의 댄스 공연 모습. 춤추고 노래하며 그들이 하나님을 기뻐 찬양하는 순간이 오기를 고대한다.

마지막으로 「Cross」라는 복음 퍼포먼스가 이어지는 동안에는 숨소리도 들리지 않을 정도로 긴장감이 감돌았다. 집중된 눈과 마음 속으로 복음의 이미지가 스며들고 있었다. 예수님의 부활과 십자가에 못 박은 인간에 대한 용서로 감동적인 퍼포먼스가 끝난 뒤 요셉 선생님의 메시지가 이어졌다.

"노아 대원들은 여러분에게 이 소식을 전하기 위해 7시간 동안 비행기를 타고, 3시간을 달려 이곳에 왔습니다. 그만큼 중요하고 가치 있는 소식이기 때문이겠지요. 우리는 여러분에게 예수 그리스도를 전하려 합니다. 그분을 여러분에게 소개하려고 합니다. 그분은 우리의 죄를 용서하기 위해 하나님의 신분을 버리고 인간이 되어 이 땅에 오셨습니다."

2013년 1월, 노아 틴에이저 팀이 처음으로 다스를 방문했다. 댄스를 몇 년씩 훈련한 그들은 한국에서 온 팀이라는 사실과 공연 자체만으로도 환영받았다. 선교사가 들어가기 어려운 중고등학교의 초청을 받고 공연도 했다. 대학 캠퍼스에서도, 쇼핑몰에서도 꽤 큰 규모의 공연을 했다.

일주일간 1,500명 이상에게 공연을 통해 복음을 전했다. 하지만 여기서 끝이 아니었다. 2013년 4월, 한국 노아 본부에서 선생님을 10일간 파견해 주었다. 이때 '새벽이슬'과 현지 젊은이 3명이 교사 훈련을 받았다. 매주 훈련 클래스도 시작되었다. 말레이시아 노아 지부가 시작된 것이다. 노아 훈련생들은 모여 기도와 성경 공부를 하고 댄스 연습을 한다. 3명의 원주민 아이들과 중국계 청소년, 그리고 소수의 한국 청소년이 함께 훈련받는다.

하지만 훈련이 순조로웠던 것은 아니다. 9월쯤 되자 교사들이 지치기 시작했다. 교사들은 화요일에 모여 연습한 것을 주일 오후에 학생들에게 가르쳤다. 공급받는 것 없이 비디오만 보고 연습을 하니 실력도 더디 늘었고, 에너지도 솟아나지 않았다.

9월이 되자 노아 말레이시아 지부를 그만 포기하자는 의견이 빈번해졌다. 기도하는 수밖에 없었다. 사실 이때까지는 청소년 사역보다는 대학생 사역 위주였기 때문에 노아를 그만두는 것이 부담되지는 않았고, 다른 사역에도 큰 영향이 없었다. 하지만 하나님의 뜻을 묻기 위해 기도했더니 하나님이 이 사역을 귀하게 생각하신다는 마음을 주셨다. 결국 연말까지만 힘을 내 보자고 독려했다. 선생님들도 자체적인 단합의 시간을 갖고 다시 체계를 잡기 시작했다.

시간이 지나 8개월 정도의 훈련을 마친 후 12월부터는 무대에 서기 시작했다. 크리스마스는 예수 그리스도를 맘껏 외칠 수 있는 적기이다. 주요 3개의 종교 기념일이 국경일로 되어 있는데, 각 종교의 기념일에는 해당 종교의 축제가 이루어진다. 크리스마스가 되면 쇼핑몰에서도 캐럴과 찬양이 흘러나온다. 2011년 크리스마스부터 쇼핑몰에 크리스마스 공연을 요청했다. 3년째인 2013년에는 노아 말레이시아와 감격적인 무대를 함께 만들었다. 이들은 계속 훈련과 공연 사역을 진행하고 있다. 2014년 5월에는 노아 쿠알라룸푸르 지부를 시작하려 한다.

노아 사역은 다음 세대를 위한 새로운 방주를 만드는 작업이다. 미디어의 홍수 속에서 대안 문화를 만들고, 청소년들을 사역자로 훈련시켜 나간다. 한 번 와서 사역하고 가는 일회적 사역이 아니라, 같은 DNA를 가진 팀을 선교지에 만들어 가는 사역이다. 지부는 지속적으로 사역하고, 또 다른 지부를 개척한다. 한국에서 이미 개발된 노래가 영어와 현지어로 더빙되고, 개발된 안무를 그대로 연습해 공연한다.

2013년 1월에 노아 팀이 다시 와서 사역에 추진력을 더해 주었다. 노아 댄스 선생님 아브라함은 1년간 헌신해 '새벽이슬'에 합류했다. 댄스 선생님은 노아 사역을 함께 하는 중국계 선생님인 휘원 자매와 교제하고 있다. 다리를 통해 국경을 넘은 사랑이 시작된 것이다.

맨땅에서 이런 팀을 만들기는 쉽지 않다. 그러나 한국 교회는 부흥 경험과 영적 자산을 가지고 있다. 건물에만 지나치게 재원을 사용하지 않는다면 선교를 위해 사용할 충분한 재원과 인적자원을 하나님이 부어 주셨다. 사역에 대한 노하우도 충분하고 프로그램도 다양하게 개발돼 있다. 이런 자산이 말레이시아에 전달되어 비교적 작은 노력으로 훌륭한 사역 팀을 개척하게 된 것이다.

한국에는 댄스와 실용음악을 배우는 많은 사람들과 축적된 노하우가 있다. 연예계에서 드러나게 활동하는 인원은 빙산의 일각이며, 교회 내에도 엄청난 문화적 자산이 존재한다. 이를 위해 다리가 놓여야 한다. 적재적소에 이 자원이 원활하게 수혈된다면 창조적인 사역들이 많이 일어날 수 있다. 그 나라의 다음 세대를 책임질 수 있는 생명의 방주가 지어질 수 있는 것이다.

● 카페에서는 미니 콘서트나, 그림 전시회 등 크고 작은 문화 행사들이 지속적으로 열리고 있다. 이들이 이곳에서 찬양하고 예배하게 되는 그날을 소망한다.

● 커뮤니티 센터로 인해 우리의 '다리' 역할이 더욱 단단해지고 있다. 이곳에서 우리는 한국어 수업, 수공예 수업 등을 진행하면서 그들과 일상을 나누고 마음을 나누며 그렇게 친구가 되어간다.

● 2층 커뮤니티 센터를 통해 만들어진 가방과 액세서리들은 카페에서 판매되어 선교비로 사용되고 있다.

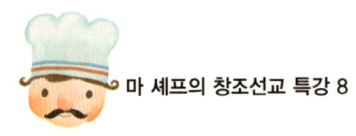

마 셰프의 창조선교 특강 8

/선교사 활동이 금지된 땅끝, 창조선교가 필요합니다/

창의적 접근 지역, 즉 일반적 방법으로는 선교할 수 없는 지역에서 이루어지는 창조적 선교 활동은 전통적 선교 활동(Traditional Mission)과 개념상 대비됩니다. 전통적 선교 활동은 직접 전도를 통한 교회 개척, 제자 훈련 시행, 신학교 설립 등입니다. 영적인 필요와 함께 삶의 기본적인 필요를 채우기 위해 의료 선교, 구제 선교, 교육 선교가 복음 전파와 함께 가기도 합니다.

창조선교는 선교 제한 지역에서 활동하기 때문에 지역 교회를 기반으로 할 수가 없고, 다음과 같은 창조적 선교 방법으로 문을 열어 가야 합니다. 대부분 국가나 지역적 장벽이 없는 도구들입니다.

- Brand As Mission
- (한류) 문화 선교
- 스포츠 선교
- 방송 / 미디어 선교
- 인터넷 / 모바일 선교
- 예술 선교
- 커뮤니티 선교 등

또한 창조선교를 위해서는 다음의 조건들이 필요합니다.

창조선교를 위한 조건들
1. 최종 목적인 '복음'을 명확히 한다

하나님이 인간을 창조하신 목적은 사람을 통해 영광을 받으시기 위함이었고, 사람과 사랑을 나누시기 위함이었습니다. 무한하신 하나님에 비해 사람은 한계를 지닌 존재이기에 살아갈 수 있는 터전, '생태계'가 필요했습니다. 무한한 사랑뿐 아니라 무한한 능력을 지니신 하나님은 제한된 상자처럼 생긴 땅과 하늘을 지으신 것이 아니라, 무한에 가까운 우주를 지어 사람에게 주셨습니다.

그러나 이처럼 사랑하신 인간은 죄로 인해 최적의 생태계를 떠나야만 했고, 결국 하나님과 멀어져 예수 그리스도라는 특별한 다리(Bridge)가 없이는 아무도 구원에 이를 수 없는 지경이 되었습니다. 그러므로 가장 창조적인 선교는 영혼의 결실을 거두는 것이며, 그 결실은 그리스도 예수를 전함으로써 그들이 생명을 얻는 것입니다. 그 최종 목적을 명확히 하는 것이 창조선교의 첫 단추입니다. 다른 것은 이 목적을 이루기 위한 보조 수단입니다.

"그러면 무엇이냐 겉치레로 하나 참으로 하나 무슨 방도로 하든지 전파되는 것은 그리스도니 이로써 나는 기뻐하고 또한 기뻐하리라"(빌 1:18).

2. 선교 대상과 눈높이를 맞춘다

사도 바울은 한 사람이라도 더 전도하기 위해 유대인에게는 유대인처럼, 헬라인에게는 헬라인처럼, 율법을 중시하며 지키는 사람에게는 자기도 율법을 중요하게 여기는 사람처럼, 율법을 알지 못하는 사람에게는 자기도 율법 없는 사람처럼 다가가 그들에게 복음을 전했습니다(고전 9:19-23). 대상에 따라 접근 방법을 다르게 했다는 것입니다. 불변하는 복음을 위해 변화하는 방법을 사용해야 합니다. 선교 대상자의 눈높이에 맞춰 가장 적절한 방법을 사용해야 합니다. 이를 위해서는 대상자들의 문화를 충분히 이해해야 할 것입니다.

3. 영적 가치 이외의 사물은 가치중립적으로 이해한다

전통적 시각에서 벗어나는 것이 필요합니다. 명확히 비성경적인 아이템에 대해서는 확실한 선을 그어야 하겠지만, 전통적으로 편안하지 않은 것에 대해서는 가치중립을 지키는 것입니다.

예를 들어 커피는 서방 세계에 전해지기 전에 이슬람 종교 지도자들이 더 각성해서 종교적 행위를 하기 위해 사용한 기능성 음료였습니다. 실제로 중세에 카페 문화가 유럽에서 유행할 때, 교황청에서는 커피를 '악마의 음료'로 규정하기도 했지요. 하지만 커피에 대한 영적인 가치판단을 할 필요가 없으므로 지금은 많은 교회와 선교 활동에 커피가 활용되고 있습니다.

K-POP에 대해서도 많은 가치판단이 있을 수 있습니다. 혹자는 비성경적인 부분만을 찾아내 크리스천과 선을 그을 것입니다. 혹자는 요리사와 강도의 '칼'처럼 가치중립적인 도구로 여기고 적극적으로 활용할 것입니다. 너무 긍정적인 면만 볼 필요는 없다 해도, 실제로 한류를 통해 전도 대상자들과 접촉할 수 있는 좋은 도구들이 많이 생겼습니다. 역사의 주관자이신 하나님이 한류를 대한민국에 허락하셨다면, 우리는 창조적으로 복음을 위해 사용해야 할 것입니다.

4. 창의에 머무르지 말고, 창조로 나아가라

앞에서 언급했듯이 창의가 '새로운 것을 고안해 내려는 의도와 아이디어'라면 창조는 '창의를 실천해 새로운 것을 만들어 내는 행위'입니다. 아이디어가 행동으로 실현되기 위해서는 전략(Strategy)과 용기와 자원이 필요합니다. 전략을 수행할 조직(Structure)이 필요하고, 이를 움직이는 시스템(System)이 필요합니다. 창조선교에 대해 많은 아이디어를 가지고 있는 사람이 있을 수 있는데, 이를 실현하기 위해서는 자원, 전략, 조직, 시스템이 지원되어야 합니다. 그러므로 창조선교는 결국 네트워크와 동역 가운데 이루어질 수 있는 것입니다.

 마 셰프의 창조선교 특강 9

/어떻게 하면 한류를 선교에 활용할 수 있을까요/

한류는 「겨울연가」, 「풀하우스」, 「대장금」 등 드라마로 시작해, K-POP을 통해 수요가 확대되었고, 지금은 「1박 2일」, 「런닝맨」 등 예능 프로그램에 이르기까지 대부분의 대중문화 영역에서 그 영향력을 미치고 있습니다. 많은 선교지에서 자국의 드라마보다 한국 드라마의 시청률이 높고, 대중음악도 K-POP의 소비가 자국의 음악을 능가하고 있습니다. 한류는 'K-Culture'라는 이름으로 확대되어 대부분의 한국 문화가 거의 전 세계로 소개되고, 소비되고 있는 중입니다. 한국 음식도 덩달아 세계화가 이루어지면서 'K-Food'라는 말과 한글(Hangul)도 해외에서 일반 명사화되어 가고 있습니다.

그렇다면 어떻게 BAM에 한류 문화를 활용할 수 있을까요? 대략 3가지 방법을 들 수 있습니다.

한류 문화를 활용할 수 있는 방법 3가지

1. 한류로 파생된 사업 기회를 BAM의 기회로 삼는다

일종의 소비자인 선교 대상자를 직접 만날 수 있는 식당과 카페, 한국어 학원, 패션, 액세서리, 화장품 등 관련 소비재를 아이템으로 하는 BAM을 개발해야 합니다. 이를 브랜드화해서 사업 경험이 적은 BAMer들이 활용할 수 있도록 기반을 공급해 줄 수 있다면 더욱 이상적인 모델이 될 것입니다.

또한 한국의 크리스천 사업가가 운영하는 브랜드를 적합한 선교지에 연결하고 론칭할 수 있도록 하는 네트워크가 만들어져야 합니다. 선교 마인드를 가진 직원을 현지에 파견해 브랜드 비즈니스가 정착될 때까지 지원하는 것도 큰 힘이 될 것입니다. 직원 해외 연수 개념으로 이런 기회를 활용한다면 좋은 연결 고리가 만들어질 수 있습니다.

한류 문화 잡지, 기념품 등 한류 콘텐츠가 담긴 실제 판매 가능한 아이템을 발굴하고 선교지에서 큰 자본 없이 소규모라도 유통될 수 있는 체계를 만들어 준다면 전도 대상자와의 접촉점 개발에 도움이 될 것입니다. 과거에 BAM을 목적으로 여행사를 열어 성지순례 등의 상품 판매와 가이드를 했다면, 이제는 해외에서 한류 관광을 오려는 외국인들을 연결해 한국 여행사의 영업을 돕는 방식을 취하는 것도 BAM의 좋은 사례가 될 수 있습니다.

현재 웨딩촬영 관광, 의료 관광, 미용 관광, 유학 등의 수요가 늘어나고 있으므로 한국에서 패키지로 개발된 상품과 영업 수단을 공급해 준다면 BAMer가 쉽게 접근할 수 있을 것입니다.

2. 한류 문화 콘텐츠를 접촉점으로 한 선교 모델을 만든다

한류 문화가 가진 콘텐츠의 힘을 이용해 선교 집회의 창조적 모델을 만들 수 있습니다. 댄스 음악과 퍼포먼스, 영상과 한국 노래를 접목한 공연은 복음적 메시지와 함께 효과적으로 사용될 수 있겠지요. 한류 대중문화와 한류 크리스천 문화를 현지 상황에 맞게 적절히 섞어 사용하면 효과적일 것입니다.

이미 Love Sonata(일본), Shalom M, NOA 투어 공연(말레이시아), The Wave(인도네시아), HISPOP(태국) 등 효과가 검증되어 지속 가능한 집회 모델이 나오고 있습니다. 이 사역은 효과적이지만 많은 재정이 들어갑니다. 티켓 판매 등 현지에서의 재원 마련 노력과 크리스천 기업과 개인의 후원이 함께 동반되어야 가능한 일이라고 할 수 있습니다.

대규모 집회가 부담스러운 경우는 한국 문화를 모티브로 한 소그룹 활동을 효과적으로 운영할 수도 있습니다. 가정이나 작은 공간을 임대해 한국어 강습, 한국 음식 파티, 한류 문화 클럽 등을 시작하는 것입니다. 이에 대한 모델과 콘텐츠가 선교사 사회에서 공유된다면 쉽게 접촉점이 되는 모임을 개발할 수 있을 것입니다.

K-POP 댄스 학원, K-POP 실용음악 학원, 한국 요리 학원, 미용 학원 등도 좋은 BAM 아이템입니다. 이는 한국에서 6개월-1년간의 단기 사역자를 초청할 수 있는 좋은 기회도 제공할 수 있습니다.

한류 문화 스타 중에는 크리스천들이 꽤 많습니다. 많은 아티스트와 기획사에도 많은 크리스천이 포진돼 있습니다. 이를 종교적으로 이용해서는 안 되겠지만, 내가 크리스천임을 말하고, 내가 좋아하는 몇몇 연예인도 크리

스천이라고 알려 주었을 때 경계심을 푸는 모습을 볼 수 있으므로 선한 목적으로 잘 이용하면 효과를 거둘 수 있습니다.

3. 한류 vs 복음 메시지의 균형을 적절히 조절한다

전통적인 선교의 개념을 지닌 사람들이 한류를 선교의 도구로 쉽게 사용하지 못하는 것에 대해 이해할 수 있습니다. 복음의 순수성이 세속화될까 우려하기 때문이겠지요. 또 많은 선교사들이 대중문화와 담을 쌓고 사는 문외한이기 때문이기도 합니다. BAM에 있어서 비즈니스가 복음을 담는 그릇이 되어야 하는 것처럼, 한류 문화 선교에서의 한류도 복음의 접촉점이 될 뿐입니다. 궁극적으로 한류 문화와 연예인을 전하는 것이 아니라 복음을 전하기 위한 기회를 만든다는 것을 명심해야 합니다.

한 예로 태권도 선교는 이미 보수적인 교회에서도 받아들여지는 방법 중 하나입니다. 깊이 들어가면 음양오행의 동양철학이 녹아 있는 태권도는 일부 복음적이지 않을 수도 있습니다. 하지만 복음의 중심을 가지고 지혜롭게 사용한다면 충분히 선교를 위한 도구로 사용할 수 있을 것입니다. 한류 문화도 도구의 가치중립성을 충분히 이해하고 복음을 위해 지혜롭고 창조적으로 활용하면 좋은 열매를 기대할 수 있으리라 믿습니다.

자 마음의 눈을 활짝 열고 저 약속의 땅과 그분을 바라봐

내게 능력 주시는 그분 안에서 넌 모든 것을 할 수 있잖아

저 푸른 창공과 비전의 바닷 속으로

......

- 「도전」 중에서

PART 6
하나님의 셰프가 만난 사람들

하나님의
셰프

꿈꾸는 새벽이슬 청년들

● 다리 카페에는 '새벽이슬'이라고 부르는 청년 그룹이 있다. 청년의 때에 6개월-1년을 헌신하기 위해 한국에서 선교지로 온 친구들이다. 지금 4명의 새벽이슬 청년들이 다리 카페를 중심으로 공동체 생활을 하고 있다. 카페에서 일하고, 언어와 신앙을 훈련하며 대학생 사역에 적극적으로 참여해 현지인 학생들의 친구가 된다.

2013년 후반기부터 1년 목표로 봉사하고 있는 3기 새벽이슬 대희는 소아백혈병을 치유받은 친구다. 어린 시절 완치가 불가능한 희귀병이었지만 꾸준한 치료와 기도로 나은 경험을 가지고 있다.

"지금도 생생하게 기억나요. 열이 40도가 넘어가는 위급한 상황에서 엄마한테 업혀 응급실로 갔어요. 사람이 많아서 바로 응급처치를 받지 못했는데, 그때 엄마가 저를 안고 정말 간절히 기도해 주셨어요. 그런데 그 순간 시원한 느낌이 나면서 열이 떨어졌어요. 분명히 하나님은 제 병을 치유하고 계셨어요. 다스에 온 이후에 선교사가 되겠다는 어린 시절의 서원이 떠올랐어요. 정말 오랫동안 잊고 있었지만, 저를 고쳐 주셨으니 하나님을 위해 살겠다는 고백을 했었거든요."

대희는 랩을 잘한다. 수십 개의 랩을 부르며 주방 일을 한다. 그가 외우는 랩을 다 적으면 책 한 권이 될 것이다.

"주의 권능의 날에 주의 백성이 거룩한 옷을 입고 즐거이 헌신하니 새벽이슬 같은 주의 청년들이 주께 나오는도다"(시 110:3).

다리 카페는 이렇게 즐거이 헌신하는 청년들을 통해 운영된다. 그들은 시간과 용돈, 그리고 비행기 티켓만 가지고 말레이시아로 온다. 현지에서의 숙식은 카페에서 일하면서 충당한다. 카페에서 일하는 시간도, 대학생 사역을 하는 시간도 모두 하나님께 드린 시간이다. 함께 살고, 함께 일하고, 함께 놀면서 새벽이슬은 꿈꾼다. 그들은 늘 자신의 삶을 하나님께 정결하게 드리는 꿈을 꾼다.

청년 실업과 취업을 위한 스펙 쌓기에 지친 하나님의 청춘들에게 띄운다. 끝없는 너의 가능성을 찾고, 자기다움을 발견하는 여행을 해 보라고, 새벽이슬처럼 나아가 세계에 나와 너를 위해 예비하신 하나님의 비전을 찾아보라고 권하고 싶다.

왜 눈뜨지 않니 모든 것 절망스러워도
소망의 빛 속에 주님이 서 계시잖아
왜 내딛지 않니 주께서 허락해 주신 약속의 땅이 네 앞에 펼쳐져 있는데

자 마음의 눈을 활짝 열고 저 약속의 땅과 그분을 바라봐

내게 능력 주시는 그분 안에서 넌 모든 것을 할 수 있잖아

저 푸른 창공과 비전의 바닷속으로

끝없는 너의 가능성을 여행해 봐

날아오르는 비둘기와 몰아치는 파도와 함께

뜨거운 너의 젊음으로 도전해 봐

- 「도전」

* QR코드로 찬양을 직접 감상해 보세요.

제니, 댄스 신동으로 춤추는 천사로

"저는 하나님의 사랑을 나누기 위해 춤을 춰요. 한국 사람들을 보내 주신 하나님께 너무 감사해요. 제가 노아를 할 수 있는 기회를 얻게 되어서 하나님께 정말 감사드려요."

정글에서 원주민으로 태어난 아이 제니는 엄마, 아빠를 떠나 8살에 도시로 왔다. 원주민 마을에서는 현대적인 교육을 받기가 어렵다. 공립학교에서 현대적인 교육을 받는다 해도 이슬람식 교육을 받아야 한다.

제니의 마을은 가톨릭 색채가 강한 기독교로 개종한 마을이었다. 인도네시아인인 아버지는 마을 교회를 섬기며 목회부터 사찰 관리까지 한다. 원주민인 엄마와 국제결혼을 했지만 말레이시아에서 일할 수 있는 비자를 받지 못했다. 아마도 종교 때문일 것이다.

이 마을에 정기적으로 방문해 사역하던 현지 사역자들이 그 자녀들을 다스에 데리고 왔다. 우리는 아이들을 위한 홈스쿨링 스타일의 학교를 만들었다. 그들은 이 작은 기숙학교에서 함께 공동체 생활을 하며 현대식 교육과 신앙 훈련을 받는다. 우리는 이 학교를 지속적으로 돕고 있다. 새벽이슬 청년들이 일주일에 한 번씩 방문해 한국어도 가르치고, 나눔의 시간도 갖는다. 우리는 2년째 그들을 카페에 초대해 정기적으로 식사와 교제를 나누고 있다.

"저는 하나님을 전하는 사람이 되고 싶어요."

이제 11살이 된 제니는 노아 댄스 팀에서 훈련을 받고 있다. 함께 사는 2명의 원주민 언니들도 같은 팀 멤버다. 이 세 친구는 노아 말레이시아 지부의 에이스다. 큰아이는 흑인 느낌의 파워풀한 댄스를, 둘째는 곱상한 외모만큼이나 곱게 춤을 춘다. 막내인 제니는 리듬감을 타고난 것 같다. 동작을 어느 정도 익히면 거의 본능적으로 리듬을 타면서 몸을 움직인다. 큰 쇼핑몰 무대에서도 떨지 않고 담대하게 하나님을 향해 춤춘다.

댄스 신동으로, 춤추는 천사로 살아가는 제니는 노아 사역을 통해 꿈을 키워 가고 있다. 그녀는 댄스 사역을 통해 만난 한국을 동경해 한국에서 공부하고 싶어한다. 그래서 한국어도 열심히 배우고 있고, 이미 원주민 언어와 말레이어와 영어도 구사한다.

"엉클, 우리 종족은 배우지 못해 많은 손해를 보고 있어요. 원래 우리 땅이던 곳에서도 자꾸 쫓겨나고요. 우리 셋 중에 하나는 변호사가 돼서 우리 종족이 억울한 일 당할 때 돕고 싶어요. 다른 한 명은 신학을 공부했으면 좋겠고요. 우리 마을 사람들이 다 예수님을 진심으로 믿게 되면 좋겠어요."

제니의 꿈이 다 이루어질 수 있기를 간구하는 마음이다.

중국계 프린스, 에드워드

"엉클 창선, 1년 동안 맛있는 밥을 해주셔서 감사해요. 다리 카페 밥은 진짜 환상적이에요. 그동안 우리가 성장하도록 도와주신 것도 정말 감사드려요. 고등학교 때까지 아이들하고 싸움질하고, 술 마시고, 담배 피우고, 사고 치고 다녔어요. 하지만 기숙사에서 참 좋은 친구들을 많이 만났어요. 제 삶이 완전히 바뀌었어요."

1년 전까지만 해도 말레이시아의 일진 고등학생이던 에드워드의 고백이다. 그는 11개월 차이의 연년생 누나와 함께 우리 대학에 합격해 기숙사에 들어왔다. 누나인 엘레나는 공립학교를, 에드워드는 사립학교를 다녔다. 집에서는 아들인 그를 왕자처럼 떠받들어 키웠다.

에드워드의 지금 모습을 보면, 과거가 전혀 연상되지 않는다. 서글서글한 훈남에 순수 미소를 가진 정말 '에드워드 왕자님' 같은 모습이다. 전도 행사가 있을 때마다 앞장서고, 세 시간 정도 떨어진 고향 마을에 노아 공연 팀이 갔을 때는 공연장과 숙소에 와서 섬길 일을 꼼꼼히 챙기기도 했다. 큐티에도 성실히 참여하고, 성적도 기숙사 학생 9명 중에 가장 좋다.

"위대하신 주 찬양해 위대하신 주 모두 알게 되리라 위대하신 주."

에드워드가 인도하는 찬양에는 진실함이 묻어 있다. 그는 기숙사 훈련을 통해 예수 그리스도를 인격적으로 만났다. '나비효과'라는 말이 있다. 나비의 작은 날갯짓이 수백 리 밖에서는 큰 폭풍이 될 수도 있다는 것이다. 에드워드의 작은 날갯짓이 말레이시아의 영혼들에게 어떤 바람을 일으킬지 궁금해진다.

> "오직 성령이 너희에게 임하시면 너희가 권능을 받고 예루살렘과 온 유대와 사마리아와 땅 끝까지 이르러 내 증인이 되리라 하시니라"(행 1:8).

에드워드가 자신 있게 외우는 이 말씀대로 그의 삶은 땅끝까지 이를 것인가? 그가 미래에 부흥을 이끌어 갈 훌륭한 크리스천 리더가 될 것을 의심하지 않는다.

기숙사 사역의 첫 열매, 존

에드워드의 친구 중에 존이라는 학생이 있다. 처음에는 기숙사에서 이 친구의 행동이 약간 의아했다. 크리스천만 입주가 가능한데, 존은 전혀 성경 지식이 없고 매일 늦은 밤까지 게임을 하다 큐티 시간에 빠지기가 일쑤였다. 제자 훈련에는 잘 참여하지만 뭔가 어색한 구석이 있었다.

하지만 6개월 정도가 지나 전도 팔찌를 만들 때는 평소의 껄렁대던 모습과 다르게 집중했다. 그의 집중력은 전도하는 실습 시간까지 이어졌다. 또박또박 복음의 내용을 옆 친구에게 말하는 그의 얼굴은 평안이 넘쳐 보였다.

"(녹색) 하나님이 천지를 창조하셨어요. 아름다운 지구도 만드시고, 인간을 지으셨죠. (검은색) 하지만 인간은 하나님께 불순종하고, 그 검은 죄로 인해 하나님과 분리되었어요. (빨간색) 하나님은 그 아들 예수 그리스도를 보내셨고, 예수님은 인간의 죄를 지고 십자가에 달려 돌아가셨어요. 그분의 붉은 피가 죄를 깨끗이 용서해 주지요. (흰색) 그래서 예수님을 믿는 우리의 모든 죄는 하얗게 깨끗해졌고, 구원을 얻게 되었어요. (노란색) 우리는 이 땅의 삶이 끝나는 날, 빛나는 천국의 황금 길을 걸으며 하나님과 영원히 함께 살 것입니다."

그는 자기가 전하는 그 복음의 내용을 진심으로 받아들이고 있었다. 그해 연말, 모임에서 세족식을 하고 간증을 나누는 시간에 존은 이렇게 고백했다..

"저는 사실 크리스천이 아니었습니다. 시간이 촉박한데 집을 못 구해서 크리스천이라고 속이고 들어온 거죠. 죄송해요. 처음에는 많이 어색하고 불편했지만 지금은 정말 좋아요. 제 안에 그리스도 예수님이 점점 커 가는 것 같아요."

크리스천 학생들을 양육하고 돕기 위해 만든 기숙사에서 존이라는 영혼 구원의 열매까지 얻게 된 것이다.

기숙사 학생들은 음악적 달란트도 많아 2013년 오픈 이후 처음으로 열린 캠퍼스 워십에서 찬양 팀의 주축이 되었다. 이제 2학년이 되면 캠퍼스의 부흥을 이끌 주역이 되리라 믿고 기대한다. 기숙사 학생들이 졸업 후 세 가지 방향의 사역자가 되길 기도하고 있다.

첫째, 캠퍼스 사역자다. 9명 중 1명 정도가 캠퍼스에 남아 간사 역할을 해주길 소망한다. 카페에서 일하며 다리 선교회의 일을 배운다면 더욱 좋을 것이다. 기숙사에 들어온 후배들을 돌보고, 이들을 훈련하는 캠퍼스 사역자를 기대해 본다.

둘째, 다른 한 명이 신학을 공부해 목회자로 성장했으면 좋겠다.

셋째, 나머지 7명이 전공을 살려 더 공부하거나 일터에서 하나님의 뜻을 실천하는 크리스천 전문인이 되었으면 한다. 이들이 후에 비즈니스맨이 되어 이 사역을 재정과 기도로 후원하는 동역자가 되면 좋겠다.

2014년 5월에는 두 번째 기숙사 Act29 2장이 오픈되었다. 사도행전 28장을 이어 29장을 써 나갈 학생들이 기대된다. 크리스천 기숙사 이외에 한 개의 호스텔에서 가정 교회도 시작될 것이다. 지금도 눈을 감으면 이들을 통해 불일 듯 일어날 캠퍼스의 부흥이 마음속에 그려진다.

"하나님, 이들을 세우소서. 이들을 통해 캠퍼스에 성령의 불길이 번지게 하소서. 생명을 전하고 진리를 선포해 이 캠퍼스에서 좌절하고 생을 포기하는 학생이 한 명도 나오지 않도록 역사하여 주소서! 이 캠퍼스를 통치하시는 우리 주 예수 그리스도의 이름으로 기도합니다. 아멘."

복음보다 K-POP이
좋은 아이, 준

"언니, 나 이번에 씨스타 콘서트 가요!"

우리 부부를 언니, 오빠로 부르는 준의 한국어는 매우 정확하다. 준은 우리 카페가 오픈하기 전부터 관계를 맺은 친구이다. 2009년 단기 선교 팀과 함께 처음으로 진행한 코리아의 밤 행사에 왔던 친구이다. 한국 드라마를 보며 독학했다는 그녀의 한국말은 놀라웠다. 지금은 읽기, 쓰기, 말하기, 듣기 모두 중급 수준을 넘는다.

"언니, 보고 싶었어요. 사랑해요."

준은 우리 부부가 캠퍼스 사역에서 만난 첫사랑이다. 졸업한 이후로도 3년 동안 꾸준하게 만났다. 준은 우리에게 서슴없이 애정 공세를 퍼붓는데, 무척 사랑스럽다. 2014년 가을에는 꿈에 그리던 한국으로, 안식년을 보내고 있는 우리 부부를 찾아 놀러 오기로 했다. 우리는 준을 데리고 어디에 갈지 벌써부터 설렌다. 홍대, 동대문, 명동, 강남역, 한강 등……. 물론 우리 교회 목장 모임과 주일예배에도 데리고 갈 것이다.

준은 K-POP 댄스 마니아다. 시간이 날 때마다 댄스를 연습해 유튜브에 올린다. 준을 몇 번 교회와 전도 행사에 데리고 갔었다. 전도 팔찌로 복음도 전했다. 하지만 쿠알라룸푸르로 더 공부를 하러 간 이후로는 1년에 몇 번밖에 볼 수 없다. 아내는 꾸준히 준을 위해 기도하는데 기도하는 눈가에 눈물이 맺히곤 한다. 많이 사랑하나 보다.

"하나님, 우리 준을 만나 주세요. K-POP보다 하나님을 더 사랑하는 친구가 되게 해 주세요. 학교를 마치면 다시 다스로 올 수 있도록 도와 주세요. 우리와 함께 교회에 다닐 수 있도록 가까운 곳으로 인도해주세요."

중국계 학생들이 기독교 신앙을 갖기는 무척 어렵다. 거기에는 전통 신앙의 영향이 크다. 다스만 해도 집집마다, 그리고 매장마다 붉은색의 사당이 있는 것을 본다. 거기에 매일 촛불과 향을 피운다. 아침에는 과일 같은 제물을 올리고 기도를 하기도 한다.

"여기서 교회를 다녀도 집에 가면 엄마가 매일 아침 사당에서 향을 피우라고 시켜요. 하지만 엄마랑 싸울 수는 없어요. 제가 장녀라서 향을 피워야 하고, 조상 묘지에 가서 제사도 지내야 해요. 교회에 다니게 되면 부모님과 사이가 많이 안 좋아져요. 미안해요."

이렇게 준은 정성껏 예수님을 전하는 한국 언니, 오빠에게 미안해한다. 하지만 우리는 포기하지 않는다. 관계의 끈을 놓치지 않는다면 결정적 순간은 반드시 올 것이다.

말레이시아에는 원천적으로 종교를 바꿀 수 없는 60% 이상의 사람들이 있다. 그리고 전체 25%를 차지하는 중국계와 8% 정도의 인도계가 있는데, 이들은 종교에 있어서 조금 더 자유로운 것이 사실이다. 그러나 전통적으로 불교와 힌두교를 믿고, 그 신앙이 생활 속에 깊이 뿌리박힌 이들의 회심은 쉽지 않다.

전도를 하다 보면, 내 힘으로 저들의 마음을 바꿀 수 없다는 것을 자주 깨닫는다. 그들을 회심시키는 것은 온전히 성령 하나님의 몫이다. 나는 그저 전할 뿐이다. 그들과 장기적인 관계를 가지고 온전히 사랑하고, 섬기고, 소개하는 것이 내 일이다. 그래서 선교는 온전히 하나님이 하시는 것이라는 생각이 든다. 기도의 분량이 쌓이고, 하나님의 때가 왔을 때 많은 영혼들이 하나님께로 돌아오는 부흥의 역사가 이 땅에도 있으리라 확신한다. 나는 그저 한 명의 예배자로, 기도자로, 그리고 전도자로 이곳에 서 있을 뿐이다.

100번째 다리 카페가 오픈하다

2020년 10월 10일 토요일, 100번째의 다리 미션 센터가 오픈하는 날이다.

작년 말부터 훈련을 받은 한문선 실장(선교사)이 100번째 개척 멤버다. 전직 홍대 인디밴드 기타리스트였던 이 사역자는 아직도 꺼지지 않은 한류 문화를 통해 선교하겠다는 꿈을 가지고 헌신했다. 이런 헌신자가 있는 한 하나님은 한류 문화의 불꽃을 유지해 나가시리라. 독자들이 눈치챘는지 모르지만, 그래서 이름도 '한류 문화 선교사'를 줄인 '한문선'이다. 동역할 말씀 사역자는 3개월쯤 후에 쿠알라룸푸르에서 이주해 오기로 했다.

아침부터 찌는 더위가 심상치 않다. 한국에서 온 오픈 팀 10명은 바쁜 중에도 기도를 쉬지 않았다. 보안 1등급 지역이기에 새벽 기도회로 모인 자리에서 크게 부르짖을 수는 없었지만, 작은 기도 소리에도 크게 역사하시는 하나님은 이 땅을 운행하고 계셨다. 멀지 않은 곳에서 이슬람의 기도인 아잔 소리가 퍼져 온다.

"하나님, 오늘 감격스럽게도 다리 카페에 이어 한길 카페(One Way Cafe)가 오픈합니다. 이 모든 것을 주님이 이루셨습니다. 2층의 한길실용음악 학원도 함께 오픈하게 해주셔서 감사드립니다. 이곳에서 이 도시의 젊은이들을 만나게 하소서. 그들을 사랑하게 하소서. 이 공간을 통해 하나님 임재하소서. 이 땅과 캠퍼스를 변화시켜 주소서."

1개월 전부터 오픈을 준비하기 위해 한국에서 온 '작은자를위한교회' 팀은 정말 헌신적으로 일하고 있다. 중고로 산 테이블과 의자는 처음의 모습을 상상하기 어려울 정도로 멋지게 거듭났다(?). 중국식 허름한 식당이었던 매장은 한류 드라마에서 볼 만한 스타일로 변해 있었다.

동쪽 해안 바닷가 도시인 이곳은 태국인과 몇몇 나라에서 온 외국인 노동자 이외에는 외국인이 거의 살고 있지 않다. 그만큼 보안이 중요한 곳이다. 이런 지역은 본부와 분리해 새로 법인을 만들고, 카페 이름도 새로 정해야 한다. 창조선교 네트워크 회원들도 지난 3개월 동안 맹활약을 해주었다.

카피라이터 회원들은 카페의 이름과 브랜딩 스토리를 만드는 작업을 해주었고, 디자이너 회원들은 원격으로 카페의 모든 그래픽디자인 작업을 지원해 주었다. 연예계 쪽에 인맥이 있는 분들은 아이돌 그룹의 사인 CD를 30여 장 모아 주었다. 매장 안쪽에 붙여 놓은 한류 스타들의 브로마이드도 그들이 보내 준 것이다. 한국에서 회원들이 만들어 보낸 액세서리와 수제 비누, 작은 봉제 소품도 한쪽에 진열되었다. 홈 인테리어에 달란트가 있는 한 회원이 전체 인테리어 콘셉트를 잡고, 한 달간 파견을 나와 주었다.

"약간 오른쪽으로 옮겨 주세요. 네, 네, 거기요. 거기 고정시켜 주세요."

마지막으로 간판을 다는 작업을 하는 인테리어 감독의 목소리가 들떠 있다. 이 회원을 디렉터로 나머지 9명의 오픈 팀은 일사불란하게 움직였다. 휴학생이 셋, 남편의 외조 덕분에 방문한 가정주부가 둘, 은퇴 부부가 두 커플이었다. 세 명의 휴학생은 오픈 후 1년간 더 남아 봉사자로 활동하기로 했다.

점심을 먹고 긴장을 풀 시간이지만, 저녁 6시 오픈식을 준비하기 위해 걸음이 빨라진다. 나는 잠시 후 4시에 공항에 가야 한다. 한국에서 이 대학 캠퍼스를 1년 전부터 마음에 품고 기도해 온 작은자를위한교회 목사님과 장로님들이 오시기 때문이다. 함께 후원해 준 유니타스브랜드 사장님과 몇몇 분들도 같은 비행기를 탔다.

전국 10개 카페에서 12명의 오픈 지원 팀이 어제 도착해 300명분의 오픈 파티 음식을 준비하고 있다. 오픈 예배는 한문선 선교사가 활동하던 인디밴드의 공연으로 대체되었다. 다스에서 노아 팀도 댄스 공연을 위해 승합차로 오는 중이다. 예배는 모든 행사를 마치고, 밤 11시쯤부터 2층 음악학원에서 조용히 드리기로 했다.

어제 이 대학에 5천 부 정도의 전단지를 돌렸다. 오늘 오전부터 많은 학생들이 매장을 신기한 듯 쳐다보며 지나간다. 앞으로 10일간 있을 오픈 행사 기간 동안 천 명 정도의 학생이 매장에 찾아오길 기대하고 있다. 장기적 관계를 만들기 위한 회원 카드도 5천 장 준비해 놓았다.

한문선 실장은 작년에 한국에서 가정 교회 세미나와 선교 훈련 코스에 참석해 훈련받았다. 작년 말부터는 다스에서 I CAN, BAM이라는 프로그램으로 요리와 커뮤니티 센터 운영, 전도 행사, 기숙사 사역 등을 훈련받았다. 그의 아내는 수공예, 한글 클래스 등 커뮤니티 센터의 3개 반을 운영할 수 있도록 훈련받았다. 초등학교 2학년인 딸은 내일 다시 다스로 돌아간다. 이 지역은 외국인이 다닐 수 있는 적합한 학교가 없기 때문이다. 엄마, 아빠와 떨어질 딸의 얼굴이 다행히 그리 어둡지는 않다. 이미 1년 동안 다스에서 다리 공동체와 가족이 되었기 때문이다. 다리 미션 하우스에는 이렇게 가족 공동체로 지내는 30여 명의 선교사 자녀와 단기 봉사 청년들이 있다.

한 달에 두 번 정도 한문선 부부는 주말에 다스를 방문해 딸과 시간을 보낼 것이다. 방학이 되면 그리운 엄마, 아빠와 충분한 시간을 보낼 것이다. 이처럼 희생이 따르지만 지방 소도시까지 선교사가 가기 위해서는 최선의 방법이다.

공항에 마중을 나갔다 오는 길에 이 지역의 대학을 한 바퀴 크게 돌았다. 오래된 습관이다. 캠퍼스를 돌며 지나가는 학생들을 보며 기도한다. 한국에서 온 손님들도 학생들을 보니 마음이 뜨거워지는 모양이다. "주여, 주여" 하는 깊은 기도가 이곳저곳에서 들려온다.

오픈을 준비하는 기간에 이 대학에 다니는 어떤 크리스천 학생과 연결되었다. 아르바이트 공고를 보고 찾아왔는데, K-POP 가사를 통해 독학으로 한국말을 공부하고 있었다. 한국 사람들을 만난 것이 신기해서 매일 인테리어 공사 현장에 찾아왔다. 그가 하루는 한문선 실장이 기타 치는 것을 보고 그의 제자가 되기로 결심했다. 한문선 실장은 그것을 기회로 삼아 복음을 전해 보기로 했다.

"실장님, 기타에 붙어 있는 저 물고기 스티커는 뭐예요?"

"아, 이 스티커는 내가 제일 사랑하는 분에 대한 상징이야."

"아……, 와이프요?"

"아니, 예수님 이야긴데."

한문선 실장은 기회가 왔다 싶어 복음을 전했다. 그런데 끝까지 복음을 다 들은 그 친구는 웃으며 자신도 크리스천임을 밝혔다. 중국계와 인도계 혼혈인 이 친구는 어머니의 신앙을 이어받았다.

"학교 내에 크리스천이 또 있니?"

"글쎄요. 전에 한 명 정도 만나 본 것 같아요. 그 친구도 확실하진 않았는데, 교회에 가 본 적이 있다고 했어요."

"우리 캠퍼스에 크리스천 모임 만들까? 처음에는 내가 기타도 가르쳐 주고, 한국말도 가르쳐 줄게."

적극성을 보이지 않던 그 친구는 한문선 실장이 기타를 가르쳐 준다는 말에 흥분했다.

"네! 제가 셋 정도는 데리고 올게요. 아마 드러내지 않아서 그렇지 잘 찾아보면 어딘가에 크리스천이 더 있을지 몰라요."

이렇게 이 대학의 크리스천 모임은 시작되고 있다. 캠퍼스의 부흥이 작은 불씨로부터 지펴지고 있다.

이 가상 시나리오는 앞으로 5-6년 후 선교지에 마땅히 있어야 할 일들을 상상해 본 것이다. 우리 공동체를 사용하셔도 감사하고, 다른 팀을 사용하셔도 행복하다. 다만 이런 창조선교가 마지막 선교지 곳곳에서 일어나길 소망할 뿐이다.

하나님의 마스터플랜

무계획에 대한 훈련을 받으면서 장기 계획을 세우는 습관이 없어졌다. 마스터플랜은 하나님께 있다. 우리가 한 발자국씩 성실히 걸어가면 퍼즐의 한 조각이 되어 하나님의 큰 그림 한 모퉁이를 장식하게 되리라 믿는다.

계획이 없는 대신 하나님이 주시는 마음을 품는 법을 배웠다. 기도와 말씀을 보는 중에 강하게 주시는 마음이 있다. 예전 같으면 이것이 가시적 비전이 되고 목표가 되어 전략과 계획이 쭉 넝쿨처럼 딸려 왔을 것이다. 하지만 지금은 조용히 이 마음을 품고 기도한다. 기도하다 나눔에 대한 마음을 주시면 동역자와 나누고 함께 기도한다. 인간적인 노력은 많이 하지 않는다. 그저 기도 가운데 열어 주시는 길로 간다. 주셨던 마음을 품고 기도했을 때 '가장 좋은 방법'으로 길을 열어 주실 때가 많았다. 물론 아직 응답되지 않은 기도도 많이 있다. 계속 품고 기도할 뿐이다.

독자 여러분도 기도의 동역자로 주셨다고 생각하고 주신 마음을 나누고자 한다. 한국 대학가에서는 1980-1990년대에 큰 부흥이 있었다.

이 부흥은 한국 교회의 부흥에 영향을 미쳤다. 이처럼 말레이시아의 부흥이 캠퍼스에서 시작되길 기도한다. 50여 개의 대학이 있는데 지방 캠퍼스까지 하면 100개가 훌쩍 넘는 대학 캠퍼스가 있다. 말레이시아의 모든 대학에 부흥의 역사가 있기를 기도한다. 특히 전혀 선교사가 없고 크리스천 모임이 없는 많은 캠퍼스에서 새로운 역사가 시작되기를 갈망한다. 이런 캠퍼스에 다리 선교회를 통한 선교의 기지가 개척되기를 소망하고 있다.

이런 지역에 선교사가 들어가고 베이스가 개척되기 위해서는 두 가지가 준비되어야 한다. 첫째는 자녀 교육 여건이다. 다스 지역에 선교사 자녀들을 함께 양육할 수 있는 공동체 미션 하우스가 준비되길 기도한다. 부모가 깊숙한 지역으로 들어가 사역을 할 수 있도록 자녀를 돌볼 수 있는 제2의 가족이 필요하다. 학업뿐만 아니라 노아 사역을 통해 자녀도 사역자로 훈련될 수 있고, 함께 동역할 수 있다.

둘째는 그 지역에 들어갈 수 있는 명분이다. 비자 문제를 떠나 일상적 직업과 거주의 이유 없이는 무조건 의심받는 지역이다. 카페와 커뮤니티 센터는 좋은 명분을 제공한다. 의심받지 않고 많은 학생들을 만날 수 있기 때문이다. 이를 위해 적지 않은 재정이 필요하다. 투명한 회계 처리와 재정에 대한 관리 시스템도 필요하다. 1년 정도 개척된 베이스에서 I CAN, BAM 훈련을 받을 수 있는 시스템도 필요하다. 단기 개척 팀이 파송되고, 함께 베이스를 개척하는 노력도 필요하다.

2010-2013년까지는 다스에 있는 한 대학에 선교 기지를 개척하고, 이를 모델화하는 작업을 해왔다. 2014년에는 그다음 단계를 위해 준

비하고 있다. 2015년부터는 이 모델을 적용해 새로운 지역과 대학교를 목표로 선교 기지를 개척하려 한다. 억지로 문을 열진 않지만, 문을 열어 주실 때 즉시 순종할 수 있도록 준비하고자 한다. 이를 위한 동역자와 재정이 공급되도록 기도하고 있다. 다스에서 시작된 작은 부흥의 불길이 말레이시아 구석구석으로 번져 나가길 소망해 본다.

"복음이 땅끝까지 전해졌습니다!"

죽기 전에 이 소식을 들을 수 있다면 얼마나 영광스러울까? 마지막 때에 땅끝까지 전해진 복음의 소식을 들으며 예수 그리스도의 보좌 주변에 모든 민족, 모든 방언, 모든 나라가 모여 찬양하는 것을 상상한다. 할렐루야! 할렐루야! 할렐루야!

당신은 이 세상에 축복의 다리가 되어주세요
지극히 작은 한 분 당신을 통해 주님께 오도록
당신을 통해 한 사람 주님과 걸어가고
주님과 노래하고 주님의 얼굴 보도록
그 다리를 지나 주님의 집에 들어가
영원히 영원히 살도록

- 「축복의 다리」

* QR코드로 찬양을 직접 감상해 보세요.

● 복음을 설명해 주는 전도 팔찌. 복음의 기쁜 소식이 이 땅의 방방곡곡에 널리 퍼지길 기도한다.

창조선교
10문 10답

선교의 소명을 품고
기도하는 크리스천들을 위해

창조선교
10문 10답

창조선교를 준비하고 있나요? 아직 먼 미래의 일이지만 마음에 품고 기도하고 있습니까? 좀 더 현실적인 선교 준비를 원하는 분들이 자주 묻는 질문을 10가지로 정리했습니다.

Q1. 아무리 선교사 신분을 숨기고 창조적인 방법으로 선교를 한다고 하지만, 말레이시아를 포함한 이슬람권의 선교는 아무래도 위험하지 않은가요?

위험합니다. 그러나 초대교회 이후 땅끝에 대한 하나님의 명령이 실행될 때 위험을 감수하지 않은 경우는 거의 없을 것입니다. 분명한 현지 거주의 명분과 합법적인 비자가 있을 경우 위험성은 상당 부분 감소될 수 있습니다. 그리고 실제로 (직업적, 전통적 개념에서) 선교사처럼 살아서는 안 됩니다. 100% 비즈니스맨으로, 학생으로, 혹은 셰프나 바리스타로 살아야 합니다. 그 100%의 삶 속에서 자연스러운 전도와 선교가 일어나야 합니다.

물론 때가 차면 하나님이 초대교회 때와 같이 더 급진적인 방법의 선교를 허락하실 날이 오리라 생각합니다. 초대교회의 급진적 선교에 유대인 디아스포라가 많이 사용된 것처럼, 우리도 디아스포라가 되어서 선교지 곳곳에 뿌리를 내리고 있어야 합니다.

아직까지는 정식 BAM을 하다가 박해를 받아 순교했다는 사례는 듣지 못했습니다. 하지만 앞으로 하나님이 허락하신다면 그러한 영광에 참여하는 분도 나오지 않을까 생각합니다. 이견이 있을 수 있지만, 2004년 아프가니스탄에서 사망한 고(故) 김선일 씨는 BAMer로서 순교했다고 말할 수 있습니다. 선교를 하는 데 있어 순교에 대한 각오는 기본이라 생각합니다.

Q2. BAM을 통해 복음의 진보가 일어나는 것은 확실히 알겠는데, 과연 비즈니스만으로 사업과 생활비, 선교비 등을 감당할 충분한 수익을 낼 수 있을까요?

세 가지 경우의 수를 가지고 살펴보아야 합니다.

첫째, 비즈니스의 적자가 예상되는 경우입니다. 얼마 전 외국인 거주가 허용되는 북한의 항구도시로 비즈니스 선교를 위해 이주해 가시는 교포 장로님을 뵌 적이 있습니다. 당연히 비즈니스 형태로만 들어가 거주할 수 있는 곳이지요. 100% 적자를 예상하시더군요. 북한에서 남는 장사를 할 수 없는 것은 상식입니다. 단기적으로는 흑자를 낸다 해도 안정되지 않은 경제와 정치적 시스템을 가지고 있기 때문에 현금 흐름상 지속 가능성이 거의 없다고 봐야 합니다. 이분의 경우 본인의 생활비는 본인의 자산 운용으로 감당하시고, 사업과 관련된 자본은 후원금으로 해결하십니다. 이 사례는 지속 가능성이 전혀 보장되지 않는 BAM입니다. 그러나 이런 경우라도 다른 선교의 방법이 없다면 방법을 마련해 실행해야 하지 않을까요?

둘째, 비즈니스 자체의 지속은 가능한 경우입니다. 우리 다리 선교회도 이 정도 단계입니다. 말레이시아 대학가처럼 비즈니스 환경이 열악한 지역으로 들어가는 사례입니다. 사실 땅끝의 많은 곳이 이런 상황일 것입니다. 비즈니스는 현지의 상황에 맞춰 어느 정도 지속 가능하지만, 이를 통해 선교사 가정의 필요까지는 충당할 수 없는 경우입니다. 바울처럼 독신으로 살 경우는 가능할 수 있습니다. 하지만 4인 가족 기준으로 아무런 사회보장이 없는 지역에서 생활하려면 상당히 많은 비용이 들어갑니다. 이 경우는 겸손하게 후원 요청을 하는 것이 답이라고 생각합니다. 수익 확대를 위한 노력과 자비량에 대한 도전을 포기하라는 의미는 전혀 아닙니다. 저도 경영학을 공부한 사람으로서 얼마나 더 수익을 내고 싶겠습니까?

셋째, 비즈니스가 지속 가능할 뿐 아니라, 자비량까지 되는 경우입니다. 처음부터 일반적인 선교사가 동원할 수 있는 자본 수준 이상이 투입되고, 기업의 조직과 역량을 갖추어 준비한다면 가능할 수 있습니다. 이러한 모델이 많이 나오길 바랍니다. 하지만 땅끝의 작은 도시까지 실핏줄처럼 침투하기는 현실적으로 힘든 모델이겠지요. 그리고 평범한 선교사가 개인적으로 시도할 수는 없는 모델일 것입니다.

Q3. 마창선 선교사님은 경력이 화려하신 것 같아요. 이 정도 스펙이 되어야 창조선교를 할 수 있는 것 아닌가요?

베스트셀러인 『아티스트 웨이』의 저자 줄리아 카메론은 다음과 같이 말했습니다.

"창조성은 인간의 자연스러운 본성이며, 그것을 막는 것은 꽃이 피어나지 못 하게 하는 것만큼이나 억지이다."

제가 몸담았던 유니타스브랜드의 'Visgram'이라는 프로그램은 개인 안에 내재되어 있는 인생의 키워드와 창조적 능력을 끄집어내는 과정입니다. 창조주 하나님의 형상으로 지어진 모든 사람은 창조적 능력을 가지고 있습니다. 한국 음식을 하는 것도 해외에서는 큰 창조적 재능이 될 수 있습니다. 물론 창조를 창업으로 연결하기 위해서는 경영적인 노력이 필요합니다. 이를 위해 창조선교 네트워크를 만들어 가려 합니다. 각 분야의 창의적 지식과 재능을 선교와 연결해 창조적인 창업으로 만들어 가는 네트워크입니다.

창조적 능력이 잘 훈련된 사람들은 창조선교의 모델을 만들어 내야 합니다. 주로 인구 20만 명 이하의 땅끝 소도시에 문을 열고 들어갈 수 있는 모델을 만들어 내야 합니다. 그런 모델이 만들어지면, 이를 훈련시키고 파견할 수 있는 지역 본부가 필요합니다. 개발된 모델은 후발주자들이 적은 노력으로 성공적인 지역 선교 베이스를 개척할 수 있는 인프라가 될 것입니다.

이런 후방 지원 준비가 된다면, 누구나 창조선교에 동참해 베이스를 개척할 수 있습니다.

Q4. 창조선교에 필요한 인재는 어떤 능력을 지닌 사람인가요?

창조선교에는 세 부류의 인재가 필요하다고 봅니다.

첫째, 전문적인 창조의 능력을 가진 사람입니다. 디자인, 요리, 커피 제조, 음악, 미술, 인테리어, 댄스, 미용, 사진, 영상, 패션, 수공예 등 모든 창조적 능력이 다 필요합니다. 선교지로 장기 파송되지 않더라도 그 창조성을 선교에 기꺼이 사용할 열심과 시간 투자가 가능하면 됩니다.

둘째, 창조적 모델을 가지고 선교지에서의 창업을 통해 닫힌 문 안으로 들어가기 원하는 선교사입니다. 신학을 했건 안 했건 상관없습니다. 가장 좋은 것은 전문인과 목회자 선교사가 한 공동체를 이루어 동역하는 것입니다. 이 경우에도 목회자 선교사의 일상과 직업이 필요합니다. 성실함과 소명 의식이 있다면 다른 부분은 훈련을 통해 개발될 수 있습니다.

셋째, 선교 파송국의 창조적 능력과 선교지 현지의 현실을 연결해 효과적인 모델을 만들어 낼 사람입니다. 즉 다리 역할을 하는 선교사입니다. 개별 아이템에 대한 창조적 능력보다는 사업 모델을 만들어 내는 창조 능력이 강한 사람입니다. 각각의 사례를 모델로 만들고, 모델을 매뉴얼로 만들 수 있는 사람이지요. 창조적이지만 예민한 현실감각을 지닌 사람이어야 하고, 그 사업을 영적인 관점에서 해석하고 메시지와 이미지로 형상화할 수 있어야 합니다. 또한 동역과 네트워킹에 대해 잘 훈련된 사람이어야 합니다.

창조선교에 있어서 역할이 없는 사람은 없습니다. 따라서 모든 사람이 창조선교의 한 부분을 담당할 수 있습니다.

Q5. 정년을 마치고 은퇴를 앞둔 사람입니다. 평생 선교에 대한 부담을 지니고 살았고, 나름대로 하나님의 뜻대로 살려고 노력해 왔습니다. 이제 자녀들도 대학에 들어가 치열했던 자녀 교육에 대한 부담도 많이 덜어 낸 것 같습니다. 그러나 나이가 많아 시기를 놓친 게 아닌가 싶은데, 저 같은 사람도 도움이 될까요?

실버 세대의 선교 인력은 현재 상황에서 굉장히 중요한 자원이라고 생각합니다. 물론 장점도 있고 단점도 있습니다.

전통적인 선교의 관점에서 보면 단점이 더 많습니다. 언어와 문화 적응이 가장 큰 단점일 것입니다. 이 경우에 실버 세대는 다른 선교사를 보조하는 역할이나 단순한 기능밖에 할 수 없는 경우가 많았습니다. 하지만 창조선교 관점에서 보면 준비된 전문성과 비즈니스에 대한 감각이 큰 장점이 됩니다. 신학을 하지 않았다면 신분에 대해서도 좀 더 자유롭고 자녀 교육에 대한 부담이 없는 것도 좋은 장점입니다.

은퇴 후 한국에서 자영업을 하면 안타깝게도 3년 이내에 절반이 폐업을 한다고 합니다. 그렇다면 선교지에서 도전해 보는 것이 큰 의미가 있지 않을까요? 물론 최악의 경우를 말씀드리는 것입니다. 이런 일들을 혼자서 감당하기는 쉽지 않을 것입니다. 현지어에 적응된 말씀 사역자와 청년 단기 봉사자들이 함께 동역한다면 좋은 창조선교의 모델을 만들어 갈 수 있을 것입니다.

Q6. 나갈 여건은 안 되지만 가진 자본으로 창조선교에 동참이나 투자를 원한다면 어떤 방법이 있을까요?

하나님이 물질적 은사를 허락하셨다면, 창조선교의 자본가로 활동하시는 것도 매우 귀합니다. 창조선교의 경우 전통적인 선교 베이스(신학교, 선교 센터 등)를 만드는 것과 비슷한 비용이 들고, 이후 운영비가 훨씬 적게 들지만 기본적인 재원이 필요합니다. 특히 더 작은 규모의 소도시에 들어갈 수 있기 때문에 전통적 선교 베이스를 구축하는 비용이면 여러 개의 창조선교 베이스를 세울 수 있습니다. 하나님이 허락하신 물질을 이 일에 기꺼이 드릴 수 있는 자본가들이 필요합니다. 헌금의 형태이든 투자의 형태이든 다 좋습니다. 모든 물질이 하나님의 것이라 고백하는 분들의 헌신을 통해 하나님은 일하실 것입니다.

Q7. 대학생입니다. 졸업하기 전에 꼭 선교의 소명을 확인해 보고 싶습니다. 현지 단기 선교 체험은 언제 하는 것이 좋을까요?

다리 카페는 한 개의 베이스에 4명 정도의 단기 봉사자를 받을 수 있습니다. 앞으로 베이스가 확대되어 간다면 더 많은 젊은이가 올 수 있겠죠. 학년은 큰 문제가 아니라고 생각합니다. 사실 대학생이 아니어도 상관없습니다. 주로 캠퍼스 선교를 하기 때문에 같은 대학생 입장이 좀 더 공감 지수가 높을 수는 있겠지요. 대학생이라면 1년 정도 봉사자로 생활해 보고 학교로 복귀해 학업을 마치길 권유합니다. 선교에 대한 소명을 확실히 발견했더라도, 대학 졸업 후에 한국에서 자신의 전문성을

3-5년 정도 더 쌓는 것이 좋을 것입니다. 꼭 그렇지는 않지만 장기 선교사로 헌신하기 위해서는 결혼을 하고 오는 것이 좋다고 생각합니다. 독신의 은사가 있다면 다르겠지만요.

우리 사역에는 젊은 헌신자가 필요합니다. 어떤 교회에서 한 종족을 마음에 품어 입양하고, 지속적인 기도와 파송으로 선교하는 것을 보았습니다. 참 귀합니다. 비슷하게 한 교회, 혹은 한 대학의 선교단체 연합회에서 전 세계 선교지에 있는 대학교 하나를 입양하면 좋을 것 같습니다. 그 대학 주변에 창조적인 선교 베이스를 구축하고 장기적인 선교를 진행하면 좋겠습니다.

말레이시아에만 100개가 훨씬 넘는 크고 작은 캠퍼스가 있습니다. 대학생 여러분의 방문을 기다리고 있는 수많은 캠퍼스가 남아 있습니다. "이 산지를 저에게 주소서. 이 대학의 영혼들을 저에게 주소서." 이렇게 기도하는 주님의 학생들이 많이 일어나기를 바랍니다.

Q8. 선교지 생활에서 가장 힘든 것은 무엇인가요?

고향에 대한 그리움입니다. 사실 저는 선교가 아니었으면 해외에 나가지 않을 사람입니다. 예전에 해외 출장도 많이 다녔지만, 해외에 터를 잡고 살고 싶다는 생각은 한 번도 해본 적이 없습니다. 하지만 해외에 나와 살면서 인생에 대한 통찰을 많이 배웠습니다. 고향에 대한 그리움도 하늘 본향에 대한 그리움으로 승화되고 있어서 감사하고 있습니다. 한국에만 머물렀다면, 아마 하늘 본향에 대한 간절함을 배우지 못했을 것 같습니다. 부모님에 대한 죄송함은 지난 6년간 우리 부부의 마음을 힘들게 했습니다. 이미 70이 넘으신 부모님의 곁에 있어 드리지 못하는 불효자의 마음이 있지요.

타향살이에서 감사함을 표하고 싶은 회사가 몇 있습니다. 스카이프는 언제든 부모님과 우리를 원격으로 연결해 주는 다리입니다. 인터넷 속도가 꽤 느린 말레이시아에서도 부모님의 얼굴을 보며 통화할 수 있으니까요.

에어아시아는 말레이시아를 중심으로 한 세계 최대의 저가 항공입니다. 가히 선교사를 위한 항공이라 할만 합니다. 낮은 가격에 웬만한 선교지는 다 연결되어 있으니까요. 1년에 한 번 한국 방문의 비용을 2분의 1로 낮춰 주는 고마운 회사입니다.

우리보다 훨씬 더 기후적으로 힘들고, 영적으로 견고한 지역에서 많은 선교사님들이 사역하고 있습니다. 말레이시아는 광야치곤 수월한 수준의 환경이라 말씀드릴 수 있습니다.

Q9. 마 셰프의 개인적 소명이 캠퍼스 선교인 것은 알겠는데, 일반적인 측면에서 캠퍼스 선교의 중요성이라면 무엇이 있을까요?

말레이시아는 기본적으로 '인종'과 '종교'라는 확실한 카테고리로 그룹이 나뉜 나라입니다. 특정 인종을 타깃으로 했을 때, 돌파되지 않는 강력한 벽이 존재합니다. 하지만 대학 캠퍼스에는 다양한 인종들이 낮아진 울타리 안에서 생활하고 있습니다. 인종과 종교 간 교류가 극대화될 수 있는 환경이지요. 캠퍼스의 구성원들은 새로운 것을 배우러 왔고, 집을 떠나 왔습니다.

구제 선교가 효과적일 수 있는 것은 소외 계층에 대해 인종과 종교 간의 울타리가 낮아졌기 때문이라 생각됩니다. 의료 선교가 효과적인 것도 환자에게 동일한 환경이 주어지기 때문이겠죠. 이처럼 선교 전략을 짤 때 강력한 장벽이 낮은 울타리로 대체될 수 있는 지점을 찾으면 효과적이라 생각됩니다.

대학이 바로 그런 지점입니다. 고등학교까지는 인종들끼리 모여 있는 환경에서 지내고, 대학 졸업 후에도 그럴 가능성이 많죠. 그러나 대학은 4년간 새로운 것에 오픈된 환경에서 지내게 되고, 또 4년간 가까이서 관계를 유지할 수 있는 장점도 있지요. 그러므로 4년 동안 훈련된다면 이후에는 흩어져 새로운 곳에서 영향력을 미치는 제자로 키워 낼 수도 있습니다.

특히 대학의 '문화'라는 커뮤니케이션 도구는 낮은 울타리를 넘어 소통의 강력한 무기입니다. 한류 문화를 선물로 받은 우리는 가장 강력한 소통의 무기를 가지고 있는 민족이라 할 수 있습니다. 대학은 이 나라의 미래입니다. 한국이 그랬듯이 대학에서 부흥이 일어나면 말레이시아의 미래에 부흥이 일어납니다.

Q10. BAM 선교에 동참하기 위해서는 어떤 준비를 해야 할까요?

원론적인 이야기보다는 구체적인 내용을 알려야 할 것 같습니다. 현재까지 창의적 접근 지역을 세분화(Segmentation)하고 선교적 타깃(Targeting)으로 정한 지 20년 이상이 되었지만 아직 창조적 선교 전략(Creative Mission Strategy)에 대한 구체적인 훈련 프로그램이 많지 않은 것 같습니다. 특히 창조(Creative)에 포커스를 맞추고 훈련하는 프로그램이 더 많이 필요하다 생각합니다.

창조선교가 새로운 개념일까요? 그렇습니다. 하지만 반드시 그렇지는 않습니다. 전문인 선교, 비즈니스 선교, 문화 선교 등 다양한 선교적 대안이 있습니다. 하지만 저는 좀 더 창조적일 필요가 있음을 강조하고 싶습니다. 창조라는 단어는 추상명사이기 때문에 그 경계선을 정확히 구분 지을 수 없습니다. 기존 선교의 개념에서 크리에이티브라는 부분이 덜 강조된 것 같아서 이 부분을 반복해서 강조하고 싶습니다.

저에게도 명확한 대안은 없습니다. 예전 같으면 10년 계획을 세우고, 수백 페이지의 기획 자료를 만들어 프레젠테이션이라도 했겠지만 지금은 그저 이 마음을 품고 기도하고 있습니다. 커다란 물줄기가 땅끝으로 흘러가길 소망하면서, 제가 가진 한 컵의 물을 골짜기에 흘려보내는 것이지요. 같은 마음을 품고 기도하십시오. 하나님의 계획이 있을 것입니다. 하나님의 때가 차고 있습니다. 그분이 일하시고, 동역자들을 모으시며, 훈련시키실 것입니다. 문이 열린다고 생각될 때 기쁜 마음으로 순종하시면 됩니다. 우리도 순종하는 마음으로 작은 훈련 프로그램과 개척 매뉴얼을 만들고, 다방면의 네트워크를 준비하고 있습니다. 문의하시면 부족하나마 구체적인 부분을 안내해 드릴 것입니다. 하지만 이 일의 주도권은 전적으로 하나님께 있다고 생각됩니다. 최근 커피선교회, 커피전도협회 등의 이름으로 창조선교를 준비하시는 분들을 만났습니다. 무척 반가웠고, 동지의식도 느껴졌습니다. 하나님이 이런 분들을 곳곳에서 준비시키고 계십니다.

내 단체, 내 교회, 내 그룹에 대해 울타리를 낮추면 좋을 것 같습니다. 울타리를 높게 칠수록 에너지가 내부에서 소모됩니다. 하나님의 큰 그림 안에서 작게 쓰임 받을 마음으로 연합하면 좋을 것 같습니다. 내 이름이 드러나지 않아도 하나님은 그 헌신을 선명하게 기억하십니다.

경직된 조직이 될수록 창조성은 낮아집니다. 그러므로 수평적이고 유연한 사고를 해야 합니다. 형식과 전통보다는 본질에 집중해야 합니다. 본질 이외에는 모두 창조적으로 바꾸어 갈 수 있다는 습관을 가져야 합니다. 그러면서 집요하게 하나님이 주신 복음의 본질 가운데로 나아가야 합니다. 비본질적인 논쟁에 에너지를 쏟지 마십시오. 우리가 그러는 동안에 닫힌 문 안에서 수만 명의 사람들이 영원한 죽음의 골짜기로 떨어지고 있습니다. 선교 제한 지역인 창의적 접근 지역에는 세계 인구의 3분의 1이 살고 있는데도 전체 개신교 선교사 중 겨우 7% 정도만이 이 지역에서 사역하고 있을 뿐입니다.

창조의 근원은 사랑입니다. 선교의 본질 역시 사랑입니다. 그러므로 창조선교의 본질은 영혼을 사랑하는 마음입니다. 이것이 창조선교에 필요한 모든 준비의 첫 걸음입니다.

열한 번째 질문은 여러분의 몫입니다. 이메일로 질문해 주시면 성심껏 답해 드리겠습니다.

creativemissionnet@gmail.com

부록

다리 선교회 사역의 지향점

다리 공동체는 아직 완성된 형태의 조직은 아닙니다. 같은 목적과 방향성 가운데 동역하는 관계 중심의 모임입니다. 문헌으로 정리되어 공유된 것은 아니지만, 대체로 다음의 가치에 동의하는 사역 공동체입니다.

1. 현지에 초점을 맞춘다.

모든 의사 결정은 현지의 상황 변화와 효과적인 사역을 기준으로 합니다.

2. 다음 세대에 초점을 맞춘다.

현지에 있는 다음 세대 사역에 역량을 집중합니다. 창조적인 방법으로 다음 세대와 접촉하고, 복음을 전하며, 제자 훈련을 할 뿐 아니라 이들을 통해 새로운 사역이 일어나도록 돕습니다.

3. 창조선교를 지향한다.

효과적인 선교를 위해 창조적 방법을 개발하고 적용합니다. 이를 위해 다양한 달란트와 은사를 가진 전문인들과 말씀 사역자가 동역합니다.

4. 수평적 관계, 네트워크로 연결된 관계를 지향한다.

예수 그리스도를 머리로 섬기는 수평적인 지체 의식으로 일합니다. 목사, 선교사를 떠나 한 형제자매로 주어진 은사와 직임대로 사역합니다. 하나님과 이웃을 섬기기 위해 서로 네트워크로 연합합니다.

5. 교파를 초월한 개방적 관계를 지향한다.
본질적 복음의 핵심에 동의하는 정통 교단과 선교 단체의 다양한 사람들과 초교파적으로 동역합니다. 하지만 이단에 대해서는 단호하게 배격합니다.

6. 전통보다는 성경적 본질과 상식에 기초한다.
기존의 기독교적 전통에서 비본질적이거나 문화적으로 상대적일 수 있는 부분을 지혜롭게 분별해 불필요한 논쟁을 유발하지 않습니다. 또한 성경적 가치를 지켜 내고, 상식 이상의 윤리 수준과 자정 능력을 유지합니다.

7. 사역보다 관계를 중시한다.
많은 일을 수행하지만, 그 이상으로 관계를 중시합니다. 일과 관계가 갈등할 때에는 관계를 놓치지 않는 방향으로 의사를 결정합니다. 장기적 관계가 효과적 사역의 핵심 요인임을 인정하고, 단기적 성과를 위해 장기적 목표를 이루어 가는 관계를 손상시키지 않도록 최선을 다합니다.

감사의 글

모든 분들에게 고맙습니다

저의 영적 고향인 낮아지는교회(가명)와 장위중앙교회에 감사와 사랑을 전합니다. 6년간 여러 가지 도움으로 주신 yCBMC, IBA서울포럼, 노아선교단, 마커스, SFC, 유니타스브랜드, 모라비안플라트룸, 뷰티플휴먼, BMA(Business As Mission Academy), 직장사역연합, 가정교회사역원, 다비스다이아몬드, 가나안코칭컨설팅, 이랜드와 아시안미션에 감사합니다. 이 책의 기본 지식들은 다 이 단체들로부터 배운 것들입니다.

한 분, 한 분 모두 거명할 수 없는 개인 후원자님들과 우리 목장 식구들, 그리고 현지인 동역자들에게 마음 깊은 사랑을 전합니다. 일터에서 하나님 나라의 임재를 구하는 모든 BAMer와 일터 사역자들을 축복합니다. 그간 단기 선교를 와 주셨던 많은 교회와 단체에 감사드립니다. 많은 격려와 힘이 되었었습니다.

부족한 글을 잘 출판할 수 있게 도와주신 생명의 말씀사와 서정희 과장님, 김재욱 실장님, 김현정 씨에게 감사드립니다. 글에 생명을 불어 넣어 주시는 분들입니다. 반복되는 교정과 편집 가운데 많은 것을 배웠습니다.

다스에서 더위와 싸우며 사역하고 계신 다리 공동체 동역자님들을 축복하고 사랑합니다. 우리는 새로운 가족이고, 전우입니다. 여러분과 함께 할 수 있어서 저희 가정이 버티고 살아남을 수 있었습니다.

저희에게는 가족이 가장 귀한 동역자입니다. 선교지에 있는 동안 양가 부모님들을 저희 몫까지 섬겨주신 형님 가족과 처남 가족에게 감사드립니다. 마지막으로 어머니, 처가 어머님, 아버님, 그리고 사랑하는 아내와 딸, 아들에게 사랑과 축복을 전합니다.

2014년 6월, 마창선 드림

다리 카페의 창조선교와
동역해 주세요

선교지에서

- 이 책의 내용을 모델로 선교 베이스를 개척할 수 있습니다.
- 노아 댄스 팀 지부를 개척할 수 있습니다(www.lovenoa.co.kr).
- 함께 장기 동역할 수 있습니다.

한국에서

- 소식과 기도 편지를 받아 보시고 중보해 주세요(이메일로 신청 가능).
- 선교지에 필요한 재능 기부를 원격으로 할 수 있습니다.
- 교회와 단체에서 한 개의 캠퍼스를 입양하고 기도와 후원으로 섬길 수 있습니다.
- 단기 선교 팀과 1년 단기 봉사자로 섬길 수 있습니다.
- 강의, 선교 집회, 탐방 프로그램 등을 요청해 주세요.

이메일	creativemissionnet@gmail.com
페이스북	www.facebook.com/groups/CreativeMissionNetwork
카페	cafe.naver.com/creativemissionnet
후원 계좌	씨티은행 153-40994-267-01 예금주 정*애(창조선교)

사명선언문

너희가 흠이 없고 순전하여……세상에서 그들 가운데 빛들로
나타내며 생명의 말씀을 밝혀 _ 빌 2:15-16

1. 생명을 담겠습니다
만드는 책에 주님 주신 생명을 담겠습니다.
그 책으로 복음을 선포하겠습니다.

2. 말씀을 밝히겠습니다
생명의 근본은 말씀입니다.
말씀을 밝혀 성도와 교회의 성장을 돕겠습니다.

3. 빛이 되겠습니다
시대와 영혼의 어두움을 밝혀 주님 앞으로 이끄는
빛이 되는 책을 만들겠습니다.

4. 순전히 행하겠습니다
책을 만들고 전하는 일과 경영하는 일에 부끄러움이 없는
정직함으로 행하겠습니다.

5. 끝까지 전파하겠습니다
모든 사람에게, 땅 끝까지, 주님 오시는 그날까지
복음을 전하는 사명을 다하겠습니다.

서점 안내

광화문점 서울시 종로구 새문안로 69 구세군회관 1층
02)737-2288(T) 02)737-4623(F)

강남점 서울시 서초구 신반포로 177 반포쇼핑타운 3동 2층
02)595-1211(T) 02)595-3549(F)

구로점 서울시 구로구 시흥대로 577 3층
02)858-8744(T) 02)838-0653(F)

노원점 서울시 노원구 동일로 1366 삼봉빌딩 지하 1층
02)938-7979(T) 02)3391-6169(F)

분당점 경기도 성남시 분당구 황새울로 315 대현빌딩 3층
031)707-5566(T) 031)707-4999(F)

신촌점 서울시 마포구 서강로 144 동인빌딩 8층
02)702-1411(T) 02)702-1131(F)

일산점 경기도 고양시 일산서구 중앙로 1391 레이크타운 지하 1층
031)916-8787(T) 031)916-8788(F)

의정부점 경기도 의정부시 청사로47번길 12 성산타워 3층
031)845-0600(T) 031) 852-6930(F)

인터넷서점 www.lifebook.co.kr